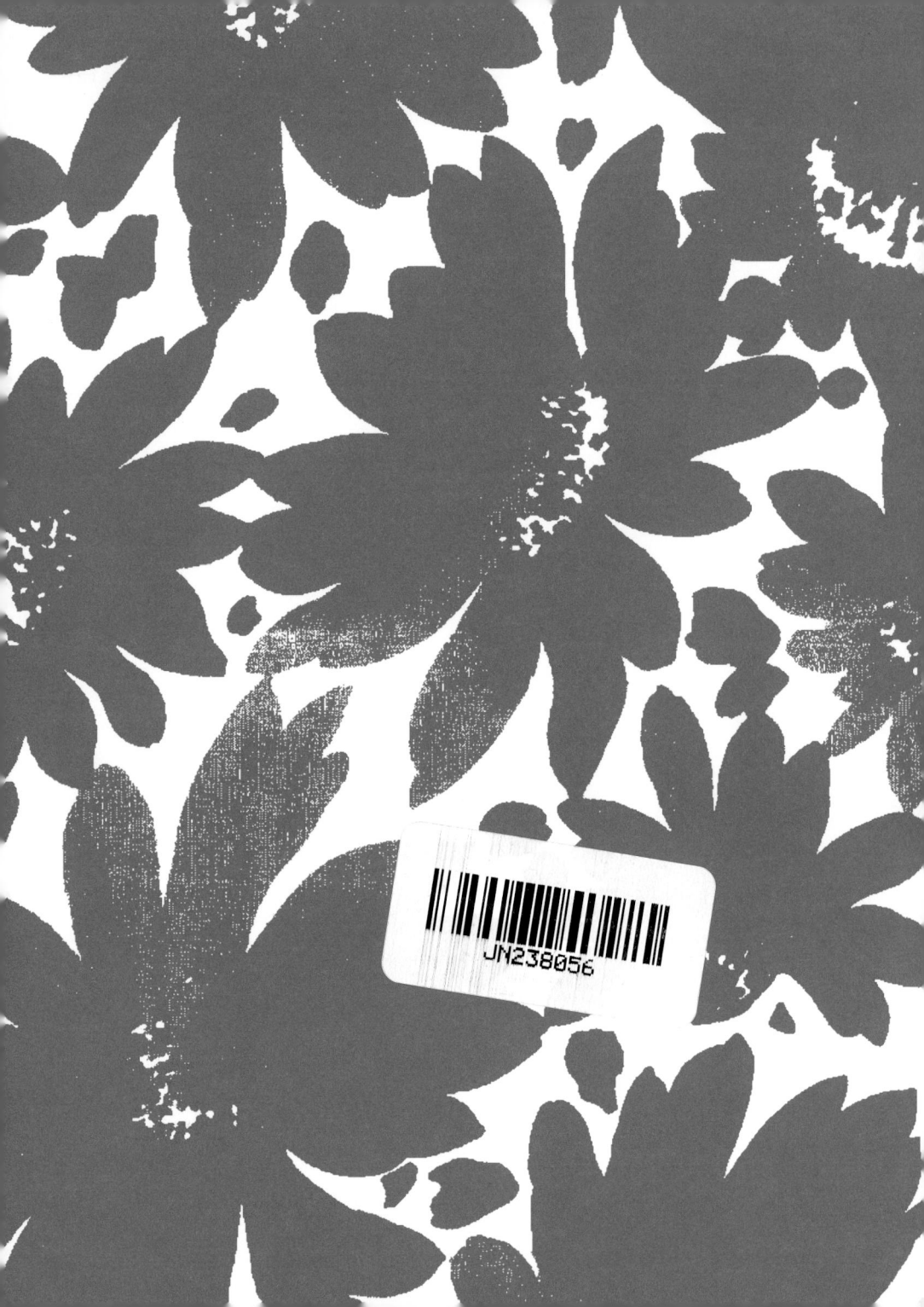

MANNERS

マナー

よいマナーが流行おくれになることはない

スリム・アーロンズ

いつも優雅に、ときには自由に

MANNERS

マナー

BY Kate Spade

edited by Ruth Peltason and Julia Leach

illustrations by Virginia Johnson

HAVE YOU EVER WONDERED...?

こんなとき、どうしたら……？

誕生日に姉からもらった派手な黄色のコート。
大好きな姉の気分を害したくはありません。
でも、黄色は顔色が悪く見えるし、ちょっとサイズがきつくって。
誰かにあげてもよいでしょうか？

もらったギフトを誰かにあげることは、エチケットの中でもとてもデリケートな問題です。コートがなくなっていることがお姉さんにすぐわかってしまうなら、クローゼットに吊るしておきましょう。うんと離れて住んでいるなら、誰かにあげてもよいと思います。いちばん大切なのは、贈ってくれた人の気持ちを考えることです。

ロサンゼルスからニューヨークまでの深夜のフライトでのことです。
隣の席の若い男性は夜食を用意してきていました。
映画がはじまったというのに、トレーにはまだオレンジの皮と
食べかけのボローニャソーセージのサンドイッチが。
無理に笑顔をつくってでもがまんしなければならないのでしょうか？

備え付けの紙袋の使い道はひとつだけではありません。にっこり微笑んでトレーを指さし、片づけましょうか、と言ってみましょう。穏やかでもはっきりとわかるヒントに相手は気づいて、すぐに迷惑な品々を片づけてくれるはずです。

お得意さまをランチに招待しています。
場所はその方のお気に入りだという
ニューヨークのグランドセントラル駅にあるオイスターバーです。
ひとりがカキを殻ごと口に持っていき、そのまますすり込みました。
私も同じようにするべきでしょうか？

その人がこの前カキを楽しんだのは、海辺のバーだったようですね。カジュアルな場所以外では、カキは貝類専用のフォークを使って食べるものです。それから、せっかくのデリケートな海の幸です。くれぐれもナイフで切ったりしないように。

HAVE YOU EVER WONDERED...?

こんなとき、どうしたら……？

友人が持っている田舎の別荘で過ごす週末。身も心もくつろげそうです。
でも、ちょっと迷うこともあります。
友人夫妻はまだ寝ていますが、私は7時には目が覚めてしまいました。
コーヒーが飲みたくてたまりません。
自分でポット1杯、コーヒーをいれてもよいでしょうか？

別荘のオーナーとのつきあいの深さによります。長年のおつきあいがあるなら、迷うことはありません。自分でいれましょう。ただし、2人を起こさないように。新しく友だちになったばかりの人の家では、ゲストとしての分をわきまえるべき。新聞でも読んで気を紛らわせましょう。

盛大なディナーパーティーを開きます。
当日の午後になって、弟が恋人を連れてくることがわかりました。
素敵なかわいい人ですが、厳格なベジタリアンだというのです。
どうしたら彼女が食べられるものをすばやく用意できるでしょうか？

そんなに直前になってしまっては、もうエビはマリネしてしまっているでしょう。それに、彼女が食べられそうなサラダも、たぶんもうメニューに入っているはず。食前に新鮮なフルーツをテーブルに出しておきましょう。食事の用意ができたら、フルーツはそのまま置いておき、フルーツ皿を新しいものに換えましょう。大切なのはゲストに気まずい思いをさせないこと、菜食主義のことには触れないことです。

この2、3ヵ月、仕事で大きなプロジェクトにかかりきっていたせいで、
プライベートのおつきあいは大きなことも小さなことも
おろそかにしていました。
叔母さまからクリスマスにもらった
花柄のシャツのお礼状を書くこともそのひとつ。
でも、もう4月です。カードを送るには遅すぎるでしょうか？

お礼状を出すのに遅すぎるということはありません。叔母さまは、受け取ったという返事もくれないあなたにがっかりしていたかもしれませんが、元気でやっているという便りがあれば喜んでくれるでしょう。これからは、お礼用のカードを箱に入れて手元に置いておきましょう（忙しくて死にそう、というのならあらかじめ切手も貼っておくこと）。感謝の気持ちを表すのにかける10分間は、決して無駄ではないということを忘れないで。

HAVE YOU EVER WONDERED...?

こんなとき、どうしたら……？

職場の同僚が、15人を招いてディナーパーティーを催します。
手土産には何を持っていけばいちばん喜ばれるでしょう？

こういう場合、ワインが一般的ですが、招待する側ではたぶんもう赤も白も用意しているでしょう。花はどんな場合でも万人に喜ばれるので、まちがいがありません。持参してもよいのですが、当日の早い時間に届けておくともっとよいと思います。

初めての日本への出張で、正式なお茶会に招かれました。
どんなものなのでしょう？
どうふるまえばよいでしょうか？

とにかく、出されたものをいただいて、楽しく（しかも騒ぐことなく）過ごすことです。主人は長い時間をかけて料理や生け花や掛け軸を用意しています。それを一つひとつほめることが、招かれた側のいちばん大事な役目です。そしてお茶会の日から3日以内にお礼状を書きましょう。これは後で感謝するという意味で「後礼《こうれい》」と呼ばれています。

感謝祭を祝うため、夫の実家に来ました。
ディナーのときに、テーブル・セッティングを頼まれました。
いつも使っている数の倍ほどもフォークやスプーンがあります。
お皿やカトラリーの正式な並べ方の基本は？

ゲストが着席したときにお皿を出すのなら、ナプキンは前菜用、主菜用、サラダ用の3種類のフォークの左側に（下ではなく）置きます。お皿の右側に、ナイフとスプーンを刃をお皿側に向けて置きます。デザート用のスプーンとフォークはお皿の向こう側に、スプーンはいちばん遠い位置に頭を左にして、フォークはその手前に、先を右に向けて置きます。

HAVE YOU EVER WONDERED...?

こんなとき、どうしたら……？

兄が夏にナンタケット島で結婚式を挙げることになり、
私はブライズメイド(註：花嫁の付き添い役)を頼まれました。
当日のために彼のフィアンセが選んでくれたのは、シーサイドリゾート風ドレス。
でも私自身のスタイルはコム・デ・ギャルソンなんです。
披露宴の間、ずっとこのドレスを着ていなくてはならないのでしょうか？

お兄さんの運がよければ、結婚式は一生に一度です。ボート遊び風の装いはあなたの好みに合わないかもしれませんが、おめでたい席なのですから、笑顔でドレスを着ましょう。「新郎新婦の付き添いの皆さん、着がえをどうぞ」と言われない限り、最後までそのドレスで大いに楽しみ、素敵なカップルの将来に乾杯しましょう。

親友の家で遅くまで楽しんだ後、後片づけを手伝っていました。
ソファを元の位置に戻そうとしたとき、飾り棚にぶつかってしまい、
のっていた花瓶を床に落として割ってしまいました。
彼女がハネムーンでギリシャへ行ったときに買ったものです。
どうすればよいでしょう？

気まずいとしか言いようのない状況があるもので、これもそのひとつです。まず心から謝らなければなりません。花瓶が壊れたことで、友だちがひどくショックを受けているとしても当然です。破片が大きく、きれいに割れている場合、自分に修理の専門家を手配させてほしいと申し出ましょう。粉々に砕けていたとしても、大げさに取り乱さないこと。それは友だちに任せましょう。いずれにしても、次の日にお詫びの手紙を添えた小さなブーケを届けましょう。

仕事帰りに友人とバーでくつろいでいると、バーテンダーがあちらの男性からと言って、
テキーラ・サンライズを目の前に置きました。
受け取るべきでしょうか？　関心を示すべき？　次の行動はどちらから？

この場合、どうするかを決めるのはあなたの側です。カクテルを受け取る義務はありませんし、断ればきっぱりと意思表示をしたことになります。少し話をしてみてもよいと思うのなら、軽く微笑んで見つめれば、彼は席を立ってあなたのほうにやって来るでしょう。

CONTENTS

THE WORLD IS ROUND, AND MANNERS AREN'T SQUARE

地球は丸いもの、マナーだって四角四面ではありません

「エチケットとは、必要最低限よりはほんの少しだけ、行儀よくふるまうこと」
ウィル・カッピー（註：アメリカのユーモア作家、ジャーナリスト）

「誇り高き北部人」「愛想のよい南部人」「自由を愛するカリフォルニア」「もてなし好きのテキサス」そして「マナーのよいミッドウエスト」。どのフレーズも、ある種の温かさとフレンドリーな人柄を表すために使う言葉です。初対面の人たちに私がカンザスシティーの出身だと言うと、行儀よくふるまう、親切な人だと思われます。アメリカの心のふるさとではぐくまれた素朴な人間性こそが「中西部人気質」だとよく言われます。マナーについて言うなら、真のアメリカ人の心のふるさとは、東海岸から西海岸の間に無数にある、と思っています。私は仕事でしょっちゅう旅に出る機会があり、これまで行く先々で素敵な人たちと出会ってきました。

では、なぜ今マナーの本なのでしょう？　よけいなおせっかいではないかしら？　夫のアンディも私も、よいマナーは人とのコミュニケーションには欠かせないものと考えています。私たちの会社では何年も前から、新人スタッフにはエミリー・ポスト（註：アメリカの著述家。1922年に出版された『エチケット』は今なおマナーのバイブル的存在）のエチケットの本を贈ることにしています。ポスト夫人の言葉は、最初に書かれたときから80年たった現代でも変わらず私たちにたくさんのことを教えてくれます。「よいマナーが身についていない人は、魅力的ではありません。――ここで言うマナーとは、ただルールを忠実に守るということではありません。やさしい心から自然に出たふるまいが、常に実践し続けることによって、まるで体の一部のように身につき洗練されたものを言うのです」思いやりに満ちた、洗練された社会をこれほどうまく言い表した言葉があるでしょうか。

長年にわたって、私はエミリー・ポストからさまざまな面で影響を受けてきました。私がこれまでに出会った人たちの中にも、エチケットがすばらしい贈りものをもたらしてくれることを、その人ならではの方法で教えてくれた人が大勢いました。この『マナー』では、こんにちのライフスタイルの一部になったトピックも取りあげました。例えば、友人宅に泊まりがけでお呼ばれしたときのことや、携

帯電話の使い方、自転車で街を走るときのエチケットなどです。アメリカ人は昔から、食べることに情熱をもっていて、レストランなどで食事をするのが大好きです。ですから、子ども向けのものも含めて、テーブルマナーについての私の考えも書きました（食事のマナーに関する問題では、「お客さまがいないときに限って」犬にテーブルの食べものの切れはしを与えてもよい、という意見をつけ加えたいと思います。それは許される範囲だと思います。愛犬ヘンリーもきっと賛成してくれるはず）。クリスマスなどの休暇シーズンにも、それ以外の時期にも使える「チップの心得」も載せてありますし、国内・海外を問わず、旅先で役立つヒントも加えました。世界を旅する人ならば、それぞれの国のもてなし方を尊重するべきです。どこに行くにしろ、親善大使としてのルールを学ぶことが大事です。

もちろん、完璧な人生などありません。名前をまちがって呼ばれたり、ワインをこぼしてしまったり、招待状が届かなかったり、カクテル・パーティーがはじまる１時間も前に着いてしまったり、約束を１週間後と勘ちがいしたり。そういうことはあるものです。でも、どんな大失敗をしても、優雅にことをおさめる方法はあるものです。この本では、誰もが経験するそういう失敗も取りあげました。皆さまが難問にぶつかったときのお役に立てればと思います。けれども、ありとあらゆるこまごましたアドバイスにもまして私が言いたいのは、ユーモアとエレガンスほど、人とのおつきあいで起こる大失敗によく効く特効薬はないということです。最終章では、本の貸し借りから、ディップソースの2度づけ、友だちから服を借りるとき、夜更かしの好きなお隣さん、いただいたギフトを他の人に贈ること、それからお金のこと（果てしない頭痛のタネですね）まで、あらゆるトピックを扱っています。

この本が、エミリー・ポストの言う「やさしい心から自然に出たふるまいを、常に実践し続けること」に役立つのを願っています。人生はボウルに山と盛られたサクランボのようなもの、後は種をどうするかさえ、わきまえていればいいのです。

ケイト・スペード　2003年 ニューヨークにて

SECTION ONE

Exercising Your Manners, 365 Days a Year

マナーは1年365日

暮らしのマナー ・ すべては家庭からはじまります

食事のマナー ・ 9時から5時まで

いつも誰かに見られています ・ 旅のマナー

装いのエチケット ・ ピンチ！：スリップが、逢い目が、そしてヒールが！

おつきあいの場での失敗を優雅におさめる方法

THE DAILY LIFE OF MANNERS

暮らしのマナー

MODERN-DAY ETIQUETTE

現代のエチケット

10 GENTLE REMINDERS

心にとめておきましょう

エチケットのエッセンスは、周りの人が心地よくいられるようにすること。今も昔も同じです。

「どうぞ」と「ありがとう」。これほど簡単で、言われてうれしい言葉は、他にありません。

楽しい気分には感染力があるのです。あなたのほがらかさを、ぜひ、周りの人にもうつしてあげましょう。

パーソナルスペースは尊重しましょう。近づきすぎたり、じろじろ眺めたり、不快な音を立てたりしないように。

人にきちんと敬意を払うことは、お金がかからないのに、いつまでも喜んでもらえるプレゼントのようなものです。

声のトーンは電信のようなものだと思いましょう。聞く人にはいろんなことがわかってしまいます。

小さなことにカッカとしても何にもなりません。短気な人は、同じようにキレやすい人を避けましょう。

姿勢や身のこなしは雄弁です。決してあまく見てはいけません。

何を着るかは大切なこと。TPOをわきまえた装いは周囲への気づかいを示すばかりでなく、人も自分も、さわやかな気分にしてくれます。

思いやりのあるふるまいができる人を理想にして、迷ったときは常識をはたらかせましょう。

AT HOME, YOURS OR OTHERS
すべては家庭からはじまります

人への思いやりを最初に学ぶのは家庭です。「おはよう」や「おやすみなさい」を初めて口にするのも、日々の出来事を話し合うのも家庭です。家族や親しい友だちの間では、チームワークと気配りが欠かせません。自分の家庭で基本的なマナーを身につけていれば、よそでもきっと大歓迎されるでしょう。

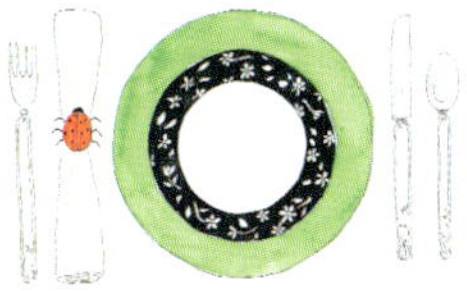

TABLE MANNERS
食事のマナー

どのフォークを使うか、いくつグラスを並べるか、お豆をフォークで食べるには？　これらは食卓で恥をかかないために、最低限覚えておきたいマナーです。一度きちんと身につけたテーブルマナーは生涯あなたのもの。ピクニックでも、ホワイトハウスの晩餐会でも（もし招待されることがあれば）、もう大丈夫です。

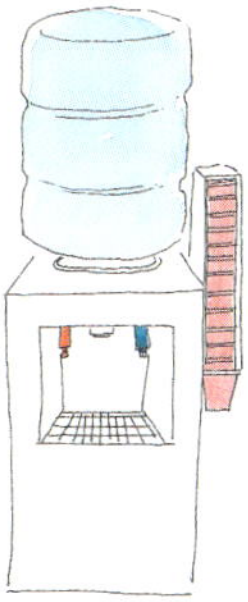

THE 9-TO-5
9時から5時まで

「オフィス」という名の小宇宙は、月曜から金曜まで、どこよりも長い時間を過ごす場所です（たぶん、寝ている間を過ごすベッドを除いて）。きちんと仕事をこなすこと、同僚とよい関係を保つこと。この2つは、あなたがどんな分野の仕事をするにしても、一生役に立つ財産です。

MANNERS ON THE MOVE
旅のマナー

飛行機や列車、自動車は、A地点からB地点へ連れて行ってくれるだけのもの、なんて思っていませんか？　たいていの場合、何百という他人といっしょに旅をしていることをお忘れなく。同じ考え方の人が多いほど、旅はスムーズになるものです。

DRESS ETIQUETTE
装いのエチケット

シャツの裾を出すのは、別に悪いことではありません —— ガーデニングをしているときなどはそのよい例です。時と場所をわきまえているかどうかは、身につけているものに現れます。長く人の印象に残るのが服装です。身だしなみとあなた自身のスタイルは名刺のようなもの。行く先々であなたという人を語ります。

IN THE PUBLIC EYE　いつも誰かに見られています

お年寄りが出入りするとき、ドアを押さえてあげていますか？　お手伝いさんやマンションのスタッフにわたすクリスマスのチップはいくらくらいがよいのでしょう？　マナーのことを突きつめると、こういう疑問が浮かびます。映画にポップコーンはつきものですが、誰もがそう思っているとは限りません。音を立てずに食べましょう。

「エチケット」は、もともと、宮廷での礼儀作法を記したカードのことでした

AT HOME, YOURS OR OTHERS

すべては家庭からはじまります

「お客さまをわが家にお招きしたら、心地よく過ごしていただくことが、私にとっていちばん大事なこと。だからこそ、どうすればくつろいで楽しんでいただけるかしらと一生懸命考えるのです」

BEFORE YOUR GUESTS ARRIVE... お客さまが着くまでに

ゲストを温かくお迎えするには、それなりの準備が必要です。舞台裏をしっかり整えておくと、お客さまもリラックスできます。

門から玄関へのアプローチをきれいに掃いて、ライトをつけておきます。お客さまを迎える親しげな明かりほど、温かいおもてなしの心を感じさせるものはありません。

ソファのクッションをふっくらさせておきましょう。でも気取りすぎないように。ここはあなたの家であって、ホテルのロビーではないのですから。

何かつまめるものと、赤と白のワイン、ソーダとジュースも揃えておきましょう。

冬の間は、暖炉にくべる薪も用意しましょう。

新しい花を飾ります。明かりが「ようこそいらっしゃいました」というメッセージなら、花はやさしい微笑みです。

お客さまが使うトイレには、プライベートなものを出しておかないようにしましょう。新しい石けんとゲストタオル、アロマキャンドルも用意します。

お子さんがいる家庭なら、散らかったおもちゃやゲームがお客さまの目に触れないようにしまっておきましょう。

お客さまの到着時間までにすべての準備を終わらせましょう。目の前であわてて片づけている姿を見るのは、気まずいものです。

WHEN YOU WELCOMED YOUR GUESTS, THE SUN WAS SHINING...

ゲストを迎えたときには、よいお天気だったのに

玄関に傘を何本か用意しておきましょう。
お客さまがドアから車やタクシーまで歩いていく間に
ふいの雨でずぶ濡れになっては困りますから。

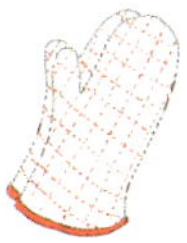

「お客さまはキッチンに入るべきじゃない、というのが私の考え。でも、料理上手の親友が手伝ってくれると言うときは、大いに歓迎します」

IDEALS TO ASPIRE TO...
こうありたいものです

「理想的なお客さまは、招く側になっても理想的。立場は替わっても基本は同じです。笑顔を絶やさず、相手の気持ちに敏感で、いつも明るく、（そして）周囲に心配りができるものなのです……」

エミリー・ポスト、『エチケット』

WHEN YOU'RE THE GUEST...
お招きを受けたら

かしこまる必要もありませんが、いすやソファのひじかけに座るのも禁物です。自然にしているのがいちばんですが、あまりリラックスしすぎてもいけません。

チームプレイヤーに徹しましょう —— たとえ主人が「キングコング」を見ようと言ったり、スクラブルをしようと言ったり、外はとても寒いのにポーチに座ろうと言ったとしても、快く応じましょう。

慎みを忘れずに —— 足は床につけておくもので、家具にのせるものではありません。ボウルに盛られたラズベリーが、全部あなたのものだと思わないように。泊まりがけで招待されたとき、主人側が早起きなら、あなたもちゃんと起きるべきです。

用意は周到に —— 主人がテニス好きだったりカクテル・パーティーに友人を呼んでいるという場合などは、ふさわしい服装を用意していきましょう。

また招待されたいなら —— 週末に泊まりがけで遊びに行ったのに、うっかりして手土産を忘れたときは、後で必ず、ちょっとした贈りものに手紙をそえて届けましょう。できれば2週間以内に。

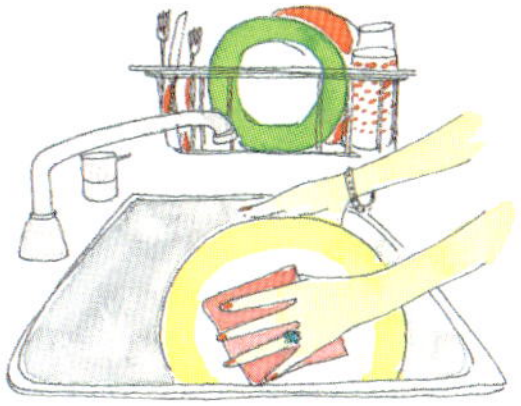

「後片づけはお客さまが帰ってからすることにしています。次の日までそのままにしておくこともあります。自分が招かれたときに、キッチンからお皿を洗う音がカチャカチャ聞こえてきたら落ち着かないし、グラスなどをさっさと下げられたら、パーティーの雰囲気が台無しです。招いたほうも招かれたほうもリラックスして、いっしょに楽しむことを大切にしましょう」

「楽しい訪問だった —— あまりにも短い間だったので、なおさら言うことはなかった」

ジェーン・オースティン、『エマ』

TABLE MANNERS

食事のマナー

「テーブルマナーが過去のものとは思いません。テーブルではお互い顔を突き合わせていますから、誰かがスープをすすったり、かごに入ったパンを全部取ったりすれば、すぐにわかります。音を立てて食べる人や、見苦しい食べ方をする人と食事を楽しめる人がいるでしょうか？」

ダイニングテーブルは、お皿やグラス、カトラリーやナプキンのためのもの。キーホルダーや口紅、郵便物、子どものおもちゃなどは、どこか他のところに置きましょう。

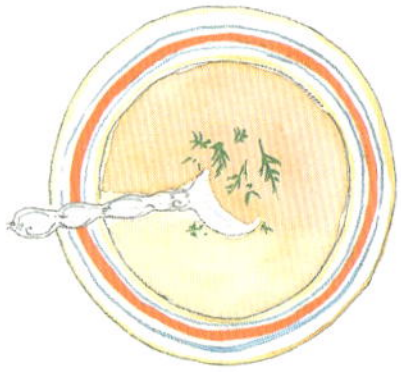

「港から船が出ていくように、
スプーンを手前から
向こうへ動かしてスープをすくいます」

「私たちが下等な生物とちがうのは、高度な感情をもっていることよ……それとテーブルマナーね」

ディアナ・トロイ、『新スタートレック』

COLOR THAT LASTS 落ちない色

口紅が「リップスティック」と呼ばれるのは、何かに色がつくと落ちないから、とも言われます（「スティック」には「棒」の他に「くっつく」という意味があります）。ですから、食事前には口紅を控えめにして、ナプキンに赤い跡をつけないようにしましょう。食事の後でつけ直したいときは、席をはずしてから。（でも、そっとリップクリームをつけるのはかまいません）

BODY LANGUAGE ボディ・ランゲージ

混み合ったレストランの小さなテーブルなら、ひじをついてもよいでしょう。でも、自宅のゆったりしたテーブルで、周りの音も心地よいときは、テーブルにひじをつくのはやめましょう。（決して背中を丸めてお皿を抱え込まないように）

AND DON'T FORGET . . .

忘れないで

料理を取り分けるときは、まずお客さま全員にいきわたったことを確かめてから自分の分を取りましょう。

料理は必ず右隣の人にまわします。時計と反対回りです。

テーブルでの会話にあくびが出そうになったときは、そっと席をはずすか、うまくカムフラージュして、疲れた様子を見せないようにしましょう。

FINGER BOWLS

フィンガーボウル

「小さなフィンガーボウルがテーブルに出ているとうれしくなります。特にスペアリブや殻付きのエビやカニを食べたときなど、席を立たなくても手を洗えるので、ナプキンもあまり汚れません」

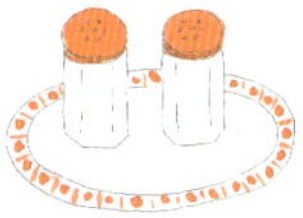

お塩をまわして、と言われたら、
コショウも一緒にわたしましょう。

NEXT TIME YOU'RE AT THE WHITE HOUSE

今度、ホワイトハウスに行ったら

アメリカ合衆国大統領と食事をするとき、招待客は当然、大統領の作法とスタイルを真似しようとします。ある晩、クーリッジ大統領は友人をホワイトハウスでの夕食に招きました。食事が終わり、コーヒーの時間になると、大統領は自分のコーヒーを受け皿に注ぎました。客たちも同じようにしました。大統領はクリームと砂糖もお皿に加えました。客たちもやはり真似をしました。すると、クーリッジは床のほうに身を乗り出して、ペットの猫にそのお皿をあげたのです。

「本当に申し分のないテーブルマナーは、決して人に不快感を与えないものです」

エミリー・ポスト、『エチケット』

UTENSILS

カトラリー

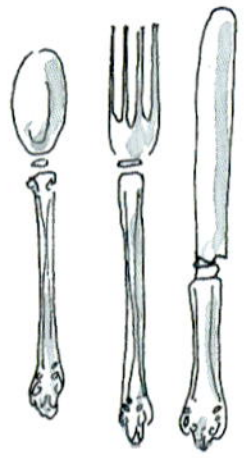

THE LANGUAGE OF FLATWARE

カトラリーは語る

ナイフ、フォーク、スプーンの使い方に関する伝統的なルールのうち、特に役に立つのは2つです。食事を中断するときは、フォークの歯先を下に向けてお皿の左側に置き、ナイフは刃を手前に向けて右側に置きます。食べ終わったら、ナイフとフォークを揃えてお皿の右側に置きます。フォークの歯先は上向きでも下向きでもかまいません。

もし、お箸がどうしても手に負えなくなったら、遠慮することはありません。フォークを頼みましょう。

YES, YOU CAN CUT YOUR SALAD...

サラダをナイフで切ってもよいのです

いまだに反対意見があるのは、ナイフの刃がシルバーでできていたころの名残です。ドレッシングのお酢に触れると化学反応を起こし、表面がくもってしまったのです。今ではカトラリーはほとんどステンレス製なので、サラダをナイフで切るかどうかは、ひとえに好みの問題です。

NAPKINS

ナプキン

席についたら、招待主が座ってナプキンを取るまで待ちましょう。それから自分も取って、ひざの上にきちんと広げましょう。

食事中に席をはずすときは、ナプキンをいすの座席に置くか、アームにかけておきます。（テーブルの上には置かないこと）

特別に大きなナプキンは、半分に折ってからひざにかけましょう。

BEFORE YOU LEAVE THE TABLE

席を立つ前に

食事が終わったら、ナプキンは自分のお皿の左側に置きます。お皿が下げられた後なら、見苦しくないようにざっとたたんで自分の正面に置きます。でも、元通りに折る必要はありません。

PORTIONS

取り分けるときは

自転車で80キロの道のりを走ってきたばかりで、死ぬほどお腹がすいているというのなら別ですが、最初に取り分けてもらう量は控えめに。すすめられたらお代わりをすればよいのですから。その場合、料理をほめることもお忘れなく。

食べものを残すのはよくありません。自分で取り分けたものは残さないのがマナーです。

すべての料理を少しずつ取りましょう。煮込みすぎ、ナマ焼け、焦げている、スパイスがききすぎ……こんな理由で料理をパスするのは失礼です。もちろん、アレルギーなら話は別ですが。

DRINKS

飲みもの

WHEN SERVING WINE . . .

ワインを出すときは

量 —— ディナーパーティーなら、2人につき1本と見ておきましょう。余るほうが、足りないよりましです。

ワイングラス —— ワインの種類ごとにグラスを用意しておきます。

順序 —— 白から赤へ、辛口から甘口へ、というのが伝統的なルールです。

HOLD THE GLASS JUST SO . . .

グラスはこう持って

室温で飲むワインの場合は、ワイングラスやゴブレットの丸くふくらんだ底の部分を持ちます。冷やしたワイン（白とロゼ）の場合はグラスの脚を持ちます。シャンパンは、グラスのタイプによってどこを持つかが決まってきます。

「ソファの端にとぐろを巻いたヘビのように固くなって座っていたギビングズ夫人は、静かに目を閉じ、いっそ死にたくなった。ハイボールのグラスでシェリーを出すなんて！」

リチャード・イェーツ（註：アメリカの作家）、『レヴォリューショナリー・ロード』

FINGER FOODS

フィンガー・フード

オードブルは大人が指を使って食べてもいい、数少ない料理のひとつです。けれども、それぞれに気をつけなければならない落とし穴があります。オードブルの他にも、上手に食べるにはコツがいる食べものがあります。野球場でお馴染みの「トッピングを全部はさんだホットドッグ」もそのひとつです。

チェリートマト

ひと口で食べるものなので、大きさには充分気をつけて選びましょう。

チキンウィングとスペアリブ

スパイシーなチキンウィングやリブは手で食べるものと決まっています。心ゆくまで味わいましょう。でも、むしゃぶりつく前に、骨を入れるバスケットを手元に用意するのを忘れずに。

ピザ

丸いピザを4等分にしたスライスでも、優雅に食べることができます。トッピングを落とさないようにピザの両端を巻き上げて食べましょう。

ラディッシュとセロリ

付け合わせの野菜がまわってきたら、オードブル皿に取ります。ラディッシュのへたやセロリの葉っぱが付いたままになっていたら、お皿の片隅にできるだけ小さくまとめておきましょう。

エビ

ディップにつけるのは1回、食べるのは2口がよいでしょう。しっぽは素早く始末しましょう。

トウモロコシ

端から端へ、いわゆるタイプライター式でも、ぐるぐる回すスタイルでも、塩やバターは少しずつ、食べながらつけるのがいちばんきれいに見えます。でも、親しい友だちや家族だけのときは、あまり気を使わなくてもよいでしょう。内輪の気楽さからお行儀を忘れてしまわない限り。

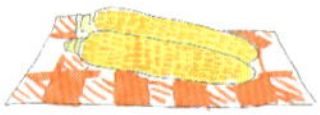

スタッフドエッグ

皆が好きなこの料理も、食べにくいもの。ひと口で食べるのは無理です（口をいっぱいにした、ビーバーのようにまん丸なほっぺたになりたくなければ）。ナプキンを使ってできるだけ散らかさずに食べましょう。

キャビア

サービングスプーンでお皿に取り、自分のナイフかスプーンでそっと盛りつけましょう。クラッカーや薄切りのトーストに、裏ごしした卵といっしょにのせますが、あくまで量は控えめに。高価なキャビアの粒をカーペットにこぼすのくらい、バツの悪い（そして、もったいない）ことはありません。

アスパラガス

ふつうはフィンガー・フードとは考えられていませんが、場合によっては、1本ずつつまんで丸ごと食べてもかまいません。もっとも、お皿に取って、ナイフとフォークを使うほうがずっと簡単です。

フライドポテト

フォークで食べては絶対においしくありません。指でつまんで、楽しみましょう。

TROUBLE FOODS

トラブル・フード

扱いに困る、「トラブル・フード」とでも呼びたい食べものがあります。エビの殻や魚の骨はどうすればよいのでしょう？ パンが3枚重ねのぶ厚いクラブハウスサンドを上品に食べるには？　果物の種やバナナの皮は？　フランス風オニオン・グラタン・スープをひと口すくったら、溶けたチーズが30センチも糸を引いてしまったときほど困ることはありません。（そういう場合は、チーズをスープスプーンにぐるぐる巻き取りましょう）

ジューシーな果物、そうでない果物

ジューシーな果物はナイフとフォークを使って皮をむいて食べるのがいちばんです。リンゴやナシなどの果汁の少ない果物は小さく切って手で食べましょう。皮はむいてもむかなくてもかまいません。

おいしくないとき

気が進まない様子を見せないように努力しましょう。不快な後味を紛らわせるためには水かワインを飲みましょう。

大きすぎるサンドイッチ

無理をしてサンドイッチにかぶりつく必要はありません。クラブハウスサンドや特大ローストビーフ・サンドは、食べやすい大きさに切りましょう。オープンサンドは必ずナイフとフォークでいただきます。

豆

テーブルマナーの達人も苦労する食べものです。フォークにうまくのせるには、パンやナイフを使う必要があります。または、そっとフォークで刺しましょう。あるいは、最初からお皿に取らないこと。

ビーチで食べるアイスクリーム

子どもたちは大好きですが、砂と太陽はアイスクリームの天敵。あまりおすすめできません。あっという間に食べられる人か、遊歩道で座って食べるのならよいでしょう。

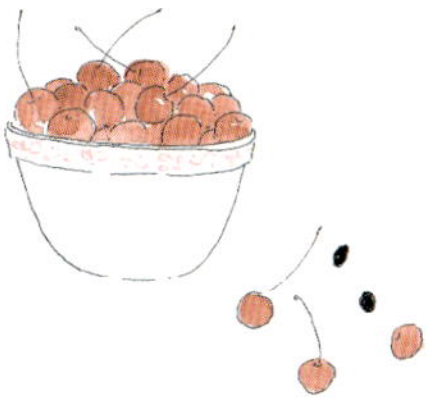

果物とオリーブの種

ナプキンにではなく手のひらに出して、お皿の端に寄せておきましょう。スイカの種も同じです。

魚の骨

決して、決して、呑みこまないこと。なるべく目立たないように口から出してお皿の隅にまとめておきましょう。

DARE I EAT A PEACH?

私は桃を食べてもよろしいでしょうか？

「桃を手に持って、顔も汚さず、汁もこぼさず、しかも汁をすするような音もさせないで
食べられるというなら、あなたは千人にひとりの『食べてよい人』です。
どうぞ最高の作法にのっとって、そのままお召しあがりください」

エミリー・ポスト、『エチケット』

エスコフィエ（註：近代仏料理の基礎を築いた仏の料理人）はビクトリア女王の即位60周年（ダイアモンドジュビリー）を記念して「サクランボのジュビリー」というデザートを考案しました

EMBARRASSMENT MANEUVERS

恥ずかしい思いはしたくないものです

ブラウスの胸にスープをこぼしたり、サーモンにレモンを絞ったつもりが人にかかってしまったり、テーブルの脚を蹴ったら、実は向かい側に座っている人の脚だったり。こういう失敗は、いくら気をつけていても起こります。安心してください。どんなアクシデントにも、必ず対処法はあるものです。

NAVIGATING TROUBLE AT THE TABLE . . .

食事中のトラブルを避けるには

熱い食べものや飲みもの —— ひと口すすったコーヒーやスープが熱すぎたら、急いで水を飲みましょう。食べものが熱すぎたときも同じです。決して吐き出さないように。

「君、スープにハエが入っているんだがね!」

「どうぞお静かに。他のお客さまから
注文が殺到すると困りますので」

招かれざる「客」 —— 虫も食べものも自然の一部かもしれませんが、家であろうとレストランであろうと、お皿の中でいっしょのところを見たくはありません。よそのお宅での食事なら、そっとその家の人に知らせましょう。もてなす側は問題のお皿はできるだけ目立たないように下げなければなりません（誰も気まずい思いをしないように）。レストランでもやはり騒ぎ立てないようにしましょう。でも、なんらかの謝罪はあってしかるべきです。

歯にご用心 —— どんなに気をつけても、食べものは歯にはさまってしまいます。特にポピーシードやゴマ、サラダの野菜、トウモロコシなどは要注意です。うまく取るには、多少の如才なさが必要です。人に教えられたときも、自分で気づいたときも、ちょっと席をはずして、ひとりきりになってから処理しましょう。

お大事に! —— 鼻がむずむずしたと思ったら、ハンカチやティッシュに手をのばす余裕もなく、くしゃみが出てしまいました。自然現象ですから仕方がありませんが、食事中なら、食べものや他のゲストから顔をそらすことを忘れずに。ことが起きてしまった後でも、一応はティッシュ（またはナプキン）を使って見せたほうがいいでしょう。でも大きな音を立てて鼻をかむのは禁物です!

「歯の間にはさまったホウレンソウは、
アクセサリーとは言えません」

BABIES, CHILDREN, AND TEENAGERS AT THE TABLE

赤ちゃん、子ども、ティーンエイジャーのテーブルマナー

身内だけのとき以外は、赤ちゃんは大人とは別に食事をさせたほうがよいでしょう。小さな子どもは、お客さまが大人ばかりではちっとも楽しくありません。もぞもぞ、ごそごそしはじめるのを避けるためにも、別の部屋で食べさせましょう。けれども、ティーンエイジャーは子どもと大人の境目にいます。そろそろきちんとしたテーブルマナーを学ばせてもよいころです。

A FEW WORDS OF ADVICE ... ちょっとしたアドバイス

座席の順序 —— くすくす笑いや悪ふざけをさせないよう、子どもたち、特に兄弟や姉妹をいっしょに座らせないようにしましょう。

全部は無理です —— ティーンエイジャーにとっては、いすをきちんと引いて、ナプキンを忘れずに広げて、料理を取りすぎないように、などと言われても、すべてを同時にこなすのは難しいこと。少しでもできたら、まあ、よしと思いましょう。

大目に見ましょう —— 子どもに大人と同じレベルのテーブルマナーを強いるのは無理だと考えましょう。笑いについても同じことが言えます。あなたはその子の親なのであって、おまわりさんではないのです。大人も子どもも食事を楽しむことが第一です。

『ティファニーのテーブルマナー』は、良識あるアドバイスをウィットに富む言葉で語った楽しい本です。

「女主人が料理に手をつけるまで待たなくてもかまいませんが、アイリッシュ・ウルフハウンドのように食べものに飛びつくのはやめましょう」

「料理を一度にたくさん口に入れすぎないように。犬小屋で育ったのかと思われます」

「ディナーパーティーは、お葬式ではありませんし、あなたが招かれたのは飢えていてかわいそうだと思われたからでもありません。あなたも周りの人を楽しませるためにいるのです。ほがらかに、自分の役割を果たしましょう。陰気になってはいけません」

THE GOOPS
グープ

グープはね、おててをぺろり
ナイフもぺろり
スープはクロスにこぼしちゃう
お行儀悪くてやんなっちゃう
食べてるときにおしゃべりするし
くちゃくちゃ音まで聞こえるし
よかった！　ぼくがグープじゃなくて
ママもそう思うでしょ？

ジェレット・バージェス
（註：アメリカの詩人。『グープ』は子ども向けのマナーの本）

「子どもに夕食は何を食べたいか聞いてもよいのは、子どもが自分でお金を出すときだけだ」——フラン・レボビッツ（註：アメリカの作家、ユーモリスト）

MY IDEA OF THE 9-TO-5

9時から5時まで

「私の会社は現代風だと思いますが、新しく入った社員にエミリー・ポストのエチケットの本をあげることが矛盾しているとは誰も考えません。彼女の本は堅苦しくなく、楽しく読めると思います。アドバイスは合理的だし、前向きなものの見方も、からっとしたユーモアも大好きです」

TIMELINES 時間を守りましょう

何度も遅刻する、終業前に帰ってしまう、勤務時間中「病院の予約があるから」と脱け出す。こういう行動は、必ず同僚に迷惑をかけます。壁の時計は、計画的に1日を過ごすためにかかっているのです。時間を無視して怠けてよいはずがありません。

PERFUME AT WORK
職場での香水

香水やコロンほど、意見が賛否両論のものはありません。香りを漂わせたいなら、控えめに。ほのかな香りを選びましょう。安物や香りの強い香水は、不愉快なものですし、品位にも欠けます。

オフィスにあるものの中で、電話ほどまちがった使われ方をされているものはありません。電話で話をするときには注意すべきことがあります。声のトーンはプロフェッショナルかつフレンドリーに。話は手短に、わかりやすく。留守中にかかってきた電話やメッセージには24時間以内にコールバックを。受話器を取らずに話ができるスピーカー機能は、適切な場合にのみ使うこと。

ODOR-AMA
においにまつわる話

残業中だとか、プレゼンの準備を済ませてしまいたいとか、ちゃんと外に昼食を取りにいけないとか。そんなとき、あなたはハンバーガーのデリバリーを頼みますよね。あるいはペパロニ・ピザか、唐辛子のきいた中華料理、クンパオ・チキンかもしれません。その結果は？　同僚たちはオフィス中に消臭剤をふりまきたいと思うでしょう。ここでほんの少し自制すれば、オフィスの空気がさわやかに保てますし、人間関係も損なわれません。「忙しい仕事人間」でも気配りは必要です。

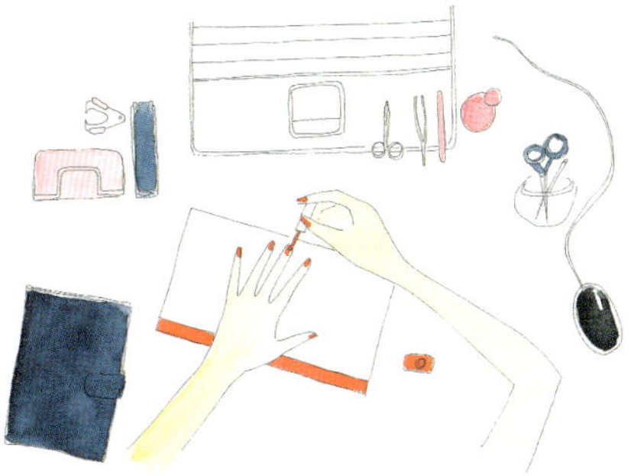

BEING A GOOD CITIZEN
よき市民として

社会の一員としての資質は、仕事の場でも問われます。責任感をもちましょう。コーヒーのフィルターを取り換えたり、新しい仕事仲間をランチに誘ったり、クリスマスなどのオフィス・パーティーの企画なども進んで手伝ってみてはどうでしょう。公正な態度で、感じよく、誠実に。

THE MANICURIST WILL (NOT) SEE YOU NOW
ただいまネイリストがまいります(まさか!)

たとえオフィスが個室であっても、デスクでマニキュアを塗るのは、プロフェッショナルとは言えません。どうしてもと言う人は、もっと上手な時間の使い方を考える必要がありますね。

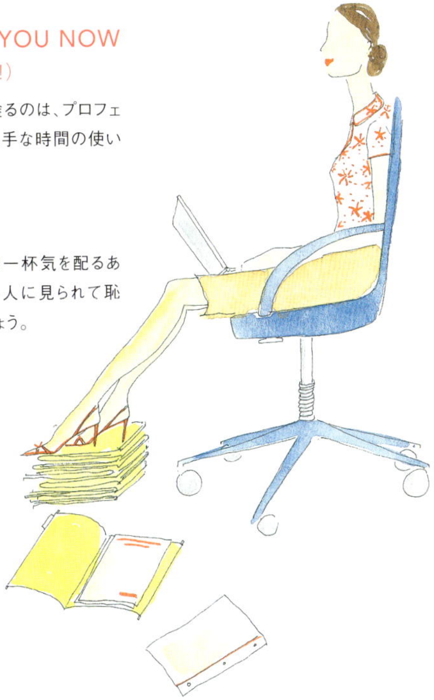

オフィスでの服装には精一杯気を配るあなた。ならば、オフィスも人に見られて恥ずかしくないようにしましょう。

ROMANCE IN THE OFFICE
職場恋愛

どうして「職場と恋愛は両立しない」と思わないのか不思議です。行き場のない感情がくすぶって爆発したり、苦い思いが残るだけなのに。結婚にいたる職場恋愛はめったにありません。賢くなりましょう。オフィスでは仕事に専念して、ロマンスはプライベートの時間にしましょう。

IN A MANNER OF SPEAKING . . . NOSY PARKER
こんな言い方、ご存知かしら?……「おせっかいなパーカー」

意味は、「おせっかい、せんさく好きな人」。その語源にはさまざまな説がありますが、いちばん信憑性がありそうなのは、イギリスの公園番(parker)です。ハイドパークの公園番たちは、男女の逢瀬をいちいち監視していたというのです。「キャリーには悪い癖がありました。いつも冷水機のところで同僚とナイショ話をしているのです。オフィスの『せんさく屋』と呼ばれるのも当然でした(No surprise she was nicknamed the nosy parker in the office.)」

IN THE PUBLIC EYE

いつも誰かに見られています

「よい第一印象をあたえるために人前でどうふるまうべきか、というのは誰もが真剣に考えるべき問題です。私自身はあまり目立ちたくないほうなので、人前に出るときもなるべく控えめにしています。それから、いつもにこやかにしていたほうがよいと思います。笑顔は見る人をリラックスさせてくれますから」

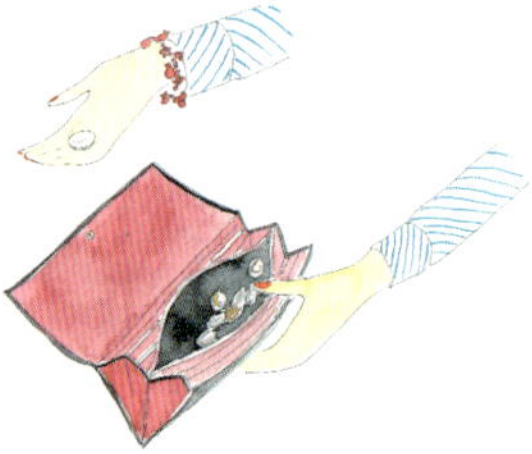

スーパーなどで買い物をするとき、スムーズに支払いができるように、お金やクレジットカードを早めに用意しておきましょう。レジ係の人にも、あなたの後ろに並んでいる人にも喜ばれるはずです。（ハンドバッグの底をかき回して散らばった小銭を探さないこと）

PEDESTRIAN YEAS AND NAYS

歩行者の交通ルール

本来、歩道を歩くのは安全なはずですが、小さな町ならともかく、都会の通りには危険がひそんでいます。
（註：以下はアメリカの場合です。その他の国ではその国の交通ルールに従うこと）

歩道上の「追い越し車線」 —— 道の右側を歩き、前の人を追い越すときは左側を。歩くペースを調節して、前を行く人のすぐ後ろに迫らないように。信号や指示を守りましょう。横断歩道以外のところをわたるのは、とても危険です。

歩道でのローラーブレードと自転車 —— これは言うまでもありませんが、都市の歩道は、車輪の付いた乗りものが通るところではありません。例外は、ベビーカーだけです。

散歩の人、買い物客 —— この人たちの動きは予測できません。突然立ち止まったり、また歩きはじめたり、上の空で「車線変更」したり。たいてい人の流れに乗っていません。対処法としては……追い抜きましょう。歩く速度が遅い人は、そぞろ歩きを楽しみつつも、周囲のペースは意識してください。

傘をさしているとき、持っているとき —— 背の高い人とすれちがうときは、相手の目に当たらないように傘を下げ、反対に、自分より背が低い人のときは、傘を上げること。歩道ではスペースを譲り合うものです。傘の持ち方も変えましょう。雨がやんだら、傘先を下にして少し傾けてひじの下に抱えてください。

排水溝の格子 —— ハイヒールのときは絶対近寄らないこと！

WHAT FLOOR, PLEASE? WHEN IN THE ELEVATOR . . .
何階ですか?　エレベーターの中では

ポータブルCDプレーヤーはスイッチを切りましょう。

帽子は脱ぎましょう。

後に続く人のじゃまにならないよう、乗り込んだら、わきか奥に移動します。

目的の階に近づいたら、降りやすいようにドアのほうに寄りましょう。

ROUND AND ROUND SHE GOES . . .
ぐるぐる回るお嬢さん

ふつうは男性がドアを押さえて女性を先に通しますが、回転ドアの場合は逆です。男性が先に行き、女性のためにドアを押します。あるいはわきからドアを前に押して、女性を先に通します。

ESCALATORS
エスカレーター

エスカレーターでのエチケットでは、文句なくイギリス式に軍配があがります。右側に寄り、追い抜いていく人のために左側を空けておきましょう。少なくとも、人のじゃまにならないよう気をつけましょう。追い越すときは、「失礼します」のひと言を忘れずに。

IT'S A GROCERY CART, NOT A GO-CART
ショッピングカートはゴーカートではありません

食料品店の通路で「ぶつかって」恋に落ちるという話も聞きますが、たいていはロマンスではなく危うく殴り合いに、というほうが多いでしょう。

通路のエチケット —— カートを停めておくときは、通路の真ん中ではなく壁際に寄せましょう。角を曲がるときは、その先に誰もいないことを確かめてから。

お惣菜のカウンターで —— 順番待ちの列がある場合は、おそらく番号札の発券機があるので、券を取って自分の番がくるまで待ちましょう。他の人も同じようにするはずです。

レジの列 —— レジの行列に並んでいると、出走ゲートが開くのが待ちきれない競争馬よりもテンションがあがってしまいます。どういうわけかここでは、誰もが早く出ることばかり考えています。こういうときこそ、忍耐が最大の美徳。10品以内の買い物客のためのエクスプレス・レジがあるときは、カゴの中身を正直に数えて利用しましょう。

小さな親切 —— 自分は何品も買うけれど、後ろに1品か2品だけの人が並んだら、気持ちよく順番を譲りましょう。

皮の色が青味がかったバナナの品種は「アイスクリーム・バナナ」と呼ばれています

TIPPING
チップ

チップは、サービスに満足したしるしにわたすものです。ただ、チップをもらうほうは、おそらく少しでも多くのお金を必要としている人たちです。サービスの質にかかわらずチップをあげるべきだと考える人もいれば、チップはサービスの質によって決まるものだから、得るためにはそれなりに努力すべきだという人もいます。近所の食堂のウェイターなど、チップをわたす相手とどれくらい親しいかも考えに入れたほうがよいでしょう。要するに、気前よく、かつ公平に、ということです。

FOOD AND DRINK
食事と飲みもの

レストランでは、請求額の15%から20%を
6人以上の場合は、ふつう、サービス料を含めて請求されます

バーテンダーには、ドリンク1杯につき1ドル

デリバリーの人には、10%（お天気が悪い場合は15%）

ホテルのルームサービスには、請求額の15%

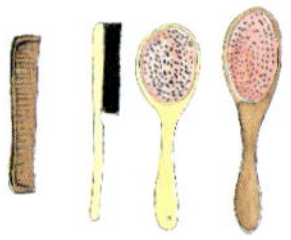

DAY OF BEAUTY
美容院で

美容師には、15%から20%

マニキュア、ペディキュアの担当者には、
10%から20%

マッサージ師には、10%から20%

MISCELLANY その他の場所

コートや荷物を預けるクロークでは、1着につき1ドルから2ドル

公共トイレの管理人には、1ドル

スポーツ施設の客席係に席まで案内してもらったときは、50セントから1ドル

駐車係には、2ドルから3ドル

TRAVEL 旅先で

空港でポーターに荷物を運んでもらったら、
1個につき1ドル以上

ベルボーイには、荷物1個につき1ドル

タクシー、ハイヤーの運転手には、
料金の15%から20%

HOLIDAY TIPPING

クリスマスの心づけ

クリスマスの時季には、1年間お世話になった人たちへ、感謝を込めて心づけをわたします。予算や、あげる人数にもよりますが、早目に心づもりをして、そのために少しずつお金を準備しておくとよいでしょう。毎年、誰に何をあげたかを記録しておくと便利です。

APARTMENT BUILDING STAFF

マンションの管理スタッフ

一般的に、わたす金額はこの1年お世話になったことへの感謝であり、住んでいるマンションのタイプと都市によってちがいます。

ドアマンには、25ドルから100ドル

建物全体の管理責任者には、
30ドルから100ドル

セキュリティスタッフには、
20ドルから30ドル

メンテナンス係には、10ドルから
30ドル

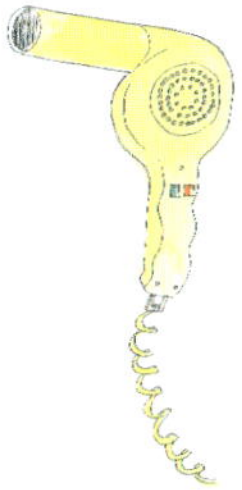

HAIRDRESSER 美容師

ふだん、1回に払っている料金に相当する額（ちょっとしたギフトをそえて）。親しさやサロンの雰囲気、髪を切ってもらう頻度にもよります。

BABYSITTER

ベビーシッター

2回分に相当する額
（ちょっとしたギフトをそえて）

HEALTH CLUB

ヘルスクラブ

ロッカールームのスタッフには、
5ドルから10ドル

スポーツトレーナーには、
50ドル（あるいはそれ以上）

クリーニング屋さん、家政婦、犬のトリマー、庭師、駐車場係にも忘れずに。

RESTAURANTS

レストランにて

レストランに出かけることは、日々の暮らしの楽しみのひとつです。料理も後片づけもしなくてよいし、好きなものを選んで食べることができます。このぜいたくにかける費用は、なにも料理だけに支払っているのではありません。あなたとレストラン、あなたとウェイターとの間に生まれる心地よい人間関係に対しても支払っているのです。

RESPECT YOUR RESTAURANT
レストランへの心づかい

予約した時間の5分から10分前に着くように行きましょう。

順番を待って店のオーナー夫人にあいさつを。

レストランのスタイルと雰囲気に合った装いで。

その店のシステムに応じた支払い手段を用意しましょう。
（「カード不可」のところは、ふつう、現金しか使えません）

DINING DILEMMAS —— "LET'S HAVE DINNER"
「お食事でもごいっしょしましょう」—— 支払いのジレンマ

政治とひいきのスポーツチームの話題は別として、友だちやカップルの間で、いちばんもめやすい問題は、「誰が払うか」です。親しい友だちだけなら、割り勘にするか、順番に支払いをもつようにしましょう。もしどちらかが招待したのなら、招かれたほうがご馳走になると考えてよいでしょう。（ただし、ずっと歳が離れているときは年上の人が、仕事関係であれば、どちらが誘ったにしても、その会食から大きな利益を得る側の人が支払うのが一般的です）

「かごを踏んづけたみたいにバリバリ音を立てんでも、
セロリを食べる方法がありそうなもんだ」

キン・ハバード（註：アメリカの漫画家、ユーモア作家）

給仕係（ウェイター、ウェイトレス）は、客の要望に応えることが仕事です、ある程度までは。ていねいに、かつ手短に頼めば、きびきびとサービスしてくれるはず。大衆的なお店と四つ星のレストランではサービスは当然ちがいます。食事する場所によって受けられるサービスがちがうことを承知していれば、もっと楽しむことができるでしょう。

MOVIES

映画

映画館で場内が暗くなると、マナー違反をしがちなのはどういうわけでしょう。少し頭をはたらかせ、周りの人への気配りを忘れなければ、皆が楽しいひとときを過ごせます。

ポップコーンは、映画の楽しみのひとつですが、迷惑だと思う人もいます。ムシャムシャ音を立てずに、静かに食べましょう。残ったものは、映画が終わったら忘れずに持って出ましょう。

奥の席に行くときは、座っている人のほうを向いて前を通ります。

コートは隣や前の席ではなく、自分の席に置きましょう。

携帯電話やポケットベルは電源を切りましょう。

連れの人と話したければ、できるだけ小さな声で。それも、どうしてもというときだけです。

映画が終わって、エンドロールが流れだすまでは、出ていくのを待ちましょう。

ガサガサ音がするキャンディーの包み紙やプラスチックの袋は、映画がはじまる前に開けておきましょう。特に、シリアスな映画のときは気をつけて。

後ろからあなたの座席を蹴ったり、**大きな声でおしゃべり**をしたりする人が気になるときは……落ち着いて、フレンドリーに、できるだけ静かな声でやめてくれるように言いましょう。

HEIGHT MATTERS
高さの問題

誰にでもわかるはずですが、もう一度言ったほうがよさそうです。背の低い人は高い人の頭にさえぎられると、スクリーンがまったく見えなくなります。席を選ぶときは、後ろの人が見えるかどうかに気を配りましょう。大きなつばのある帽子でも、野球帽でも、帽子は必ずとりましょう。

「しゃべるのは映画の登場人物の仕事。観客の仕事ではありません」

ブルネット29人、ブロンド25人、赤毛4人。ジェームズ・ボンドの映画に出た女性たちです •

MANNERS ON THE MOVE

旅のマナー

IN A CAR, ON A TRAIN, PLANE, OR SUBWAY　車、列車、飛行機、そして地下鉄で

旅に出れば、見知らぬ乗客がたくさんいます。いくつかの基本的なルールを守っている限り、青空のもとハイウェイを飛ばすのも、せまい座席に詰め込まれて移動するのも、案外、楽しいものになります。

AUTO ABC's . . .　車のABC

運転中はクラクションは控えめに、忍耐力は惜しまずに。信号を無視したり、前の車の背後にぴたりとつけたり、他の車を出し抜いたりしても、時間を節約することはできないし、周りの人に危険が及ぶかもしれません。ときどき再教育を受けて、運転マナーもチェックするべきではないでしょうか。

車は走るためのもの。収納場所ではありません —— ごみや子どものおもちゃやクリーニングから返ってきた服を置きっぱなしにしないように。散らかり放題の車に乗りたい人はいません。

音楽 —— 他の人の好みも気づかって、自分の趣味だけを押しつけないように（好みのボリュームも）。

車に常備しておくとよいもの —— 地図、ティッシュかナプキン、紙とペン、長いドライブにはペットボトル入りの水も。

ヘッドライト —— やたらにハイビームを使うものではありません。自己中心的な使い方はだめです。

道路でのイライラ —— （自分にとっても人に対しても）安全な運転をするには、怒りをうまくコントロールしなくてはなりません。イライラしてきたと思ったら、おさまるまで車を停めましょう。

SUBWAY MOVIES　地下鉄が出てくる映画

〈サブウェイ・パニック〉（1974年）

〈終電車〉（1980年）〈スライディング・ドア〉（1998年）

BINGO!　ビンゴ!

お馴染みの小さなスライド式の窓が付いた緑のプラスチックのゲームは、ドライブ中の子どもを夢中にさせてくれます。数字の代わりに車から見えるものを探すオート・ビンゴ（あるいはカー・ビンゴ）は、1960年にリーガル・ゲーム社が最初に売り出したものです。現在、さまざまな種類の車や交通標識を探すものや、ハイウェイ版もあります。

ETIQUETTE GOES UNDERGROUND—THE SUBWAY
エチケットは地下までも——地下鉄

地下鉄には地下鉄独自のマナーがあります。けれども、愛想よくふるまうのがやはりいちばん効果的です。乗る人より、降りる人が先。席はひとりにひとつ（荷物も含めて）。人とぶつかったら、笑顔で謝って。話し声は抑えて（ポータブル・プレイヤー類も）。お年寄りや障害のある人、妊娠中の女性に席を譲りましょう。そしてもうひとつ、地下鉄の車両は食堂車ではありません!

AIRPLANE ADVICE

飛行機に乗るときは

隣の人とひじがぶつかったり、気が進まない会話につきあわなければならなかったり。飛行機ではこんなやっかいな問題も起こります。どうすればよいのでしょう。

ひじかけ —— ひとりにひとつずつです。真ん中の席なら、左右どちらかを選んでずっとそちらを使いましょう。

後ろから蹴られたら —— たいていの子どもにとって飛行機は、車の後部座席にシートベルトでしばりつけられるよりいやなもの。後ろの席の子どもが何度も座席の背中を蹴るようなら、ていねいにその子の親と話をしましょう。

隣の人と話をするか、しないか —— 本を読みましょう。話をしたくてたまらないお隣さんにも、あなたが静かに過ごしたいということが伝わるはずです。

ひとりを楽しむ —— 本当にゆっくりしたくて、しゃべりたくないときは、ポータブルCDプレイヤーをかけて（音は小さく）、サングラスをかけ、寝てしまいましょう。

AIRPLANE MOVIES

飛行機が出てくる映画

〈カサブランカ〉（1942年）

〈予期せぬ出来事〉（1963年）

〈007／ゴールドフィンガー〉（1964年）

〈フライングハイ〉（1980年）

〈ラブ・アクチュアリー〉（2003年）

BICYCLING FOR GROWN-UPS

大人のための自転車講座

車と同じ道を走るときは、通常の交通規則を守らなければなりません。

信号や道路標識に従うこと。

車の流れに乗って走りましょう。

自転車専用レーンがあるところでは、必ずそこを走りましょう。

右折、左折、追い越しをするときは、正しく手で合図をしましょう。

安全運転を心がけ、他の自転車や車にも気を配ること。道路の穴やマンホールのふた、歩行者、道路わきから迷い出てくる動物、車の急停車や開くドアに注意しましょう。首からホイッスルをさげておいて、臨機応変に使いましょう。

ヘルメットをかぶりましょう。不格好に見えても気にしないこと。美人コンテストではありません。

「真の旅人は歩いて旅をする人、それものんびり座っていることが多い人である」

コレット、『わたしの窓から眺めたパリ』

エミリオ・プッチは、彼がデザインしたブラニフ航空のスチュワーデスの制服を「エア・ストリップ」と名づけました。飛行中に重ね着を1枚ずつ脱いでいくことができたからです

VACATION TRAVEL

バカンスに出かけましょう

いつも仕事で飛び回っていても、ちょっとした旅に出るのはうれしいもの。スパ・リゾートでのくつろぎのひととき、美術館めぐり、グルメ探求の旅。どれも日常を忘れて一息つくには最適です。

現地時間で —— バカンス先の時間に時計を合わせたら、頭も「お休みモード」に切り替えましょう。「今ごろオフィスでは」なんて考えないことです。

今を楽しんで —— せっかく高原で乗馬を楽しんでいるのに、どうして仕事の話を持ちだすのでしょう?

海外旅行 —— パスポートの有効期限は切れていませんか? 目的地の空港からホテルまでの交通費と、ちょっとした軽食が買える程度の現地通貨を用意しておきましょう。

BEFORE THE TRIP YOU WERE THE BEST OF FRIENDS . . .

旅行の前は大親友だったのに

友人と旅行するときは、荷物の量がだいたい同じになるようにしましょう。そうすれば、どちらかが足を引っ張ることがありません。

予算は、あらかじめ決めておきましょう。

この旅でしたいことや、プライバシーに関するルールをお互いにはっきりさせてから行きましょう。

腹が立つことがあっても、一時のこと。時として自分の考えにこだわりすぎないほうが賢命なこともあります。

ユーモアのセンスを忘れずに!

PARLEZ-VOUS FRANÇAIS? パルレ・ヴ・フランセ?

外国へ行くときも、マナーを忘れてはいけません。服装も、お風呂の長さも、お店の人への呼びかけ方も大切です。その土地の習慣を尊重して、できるだけ従うようにすれば、旅はずっと楽しくなります。冷たい水を頼んだのに、ウェイターが持ってきたのは角氷が1～2個なんていうときも、あれこれ文句を言わず、そういうものだと思いましょう。もっとよいのは、ワインを飲むことです。

「すばらしいマナーだわ —— アメリカ式のね」

ヘンリー・ジェイムズ、『ある貴婦人の肖像』

AT YOUR HOTEL

ホテルで

もうひとつのわが家へようこそ。ホテルの部屋はいつもきれいに片づき、ベッドはさっぱりと整えられ、バスルームはぴかぴかに磨きあげられています。スタッフへの接し方さえ心得ていれば、この安らぎがあなたのものになるのです。

コンシェルジェの仕事は、ゲストができるだけ気持ちよく過ごせるよう手伝うことです。何かあれば、まず相談しましょう。どんな問題でもにこやかに解決してくれるはずです。何か特別なことを頼むときは、くれぐれもていねいに。そして、あまり無理を言わないこと。えらそうにするのは感じが悪いうえに、たいてい何の得にもなりません。

THE HOTEL SOUVENIR　ホテルの記念品

わが家にホテルの灰皿やバスマットがあったら、と思うかもしれませんが、ホテルのほうはそうは思いません。けれども、高級ホテルならたいていホテルのネーム入りのバスローブを売店などで売っています。また、トイレタリーやレターセットなどは持って帰ってもよいでしょう。

PERSONAL PECCADILLOES　個人の趣味

旅なれた人は部屋の好みもはっきりしていて、一時の宿を自分なりのくつろぎの空間にするために、持って行くものにまでこだわります。携行サイズのアロマキャンドルや枕といったものから花瓶や小さなランプまでとさまざまですが、何を選ぶかはまったく個人の自由です。そうは言っても、部屋係は花の世話やキャンドルからたれたロウの掃除はしてくれません。頼みたい場合は、適当な額のチップをわたして特別にお願いしましょう。

ROOM 728　728号室

案内された部屋が気に入らないとき、ベルボーイに部屋を替えてほしいと頼むのはまちがっています(文句を言うのもいけません)。コンシェルジェに掛け合いましょう。もっと満足できる部屋に移動させてくれたときは、ベルボーイにチップは倍額あげましょう。2回も荷物を運んでくれたのですから。

DRESS ETIQUETTE

装いのエチケット

FROM MORNING . . . 朝から

「1週間毎日、ずっと同じ気分でいられるなんて誰も思わないでしょう？　服装もそうです。でも、特定の状況や立場ではそれなりの身なりが求められることも確かなことです。それは会社の重役でも、小さなお店ではたらく若い女性でも変わらないと思います。周りの人に配慮した装いは、その人たちを尊重しているのと同じことなのです」

「特別なとき、それにふさわしい服装をしたいと思う私は、古くさいのかしら？」

OUT AND ABOUT: DRESSING UP, DOWN, AND GOING YOUR OWN WAY

さあ、出かけましょう：ドレスアップ、ドレスダウン、どちらもあなたらしく

場にふさわしい服装をするうえで大事なことは、まず自分のスタイルを明確にすることと、場面と時間帯をわきまえることです。

ヘアスタイル

どんなときでもいちばん自分をよく見せてくれるヘアスタイルを見つけましょう。ヘアスタイルは装いを引き立てるもの。目立ちすぎは禁物です。

メイクアップ

新しい口紅を買うのは胸おどるものですが、昼間の化粧はあっさりと仕上げましょう。いきいきした表情はどんな場合でも感じがよいものです。

ジュエリー

派手な装いが自然にできる人以外は、昼間のジュエリーは控えめに。質のよいものを2つくらいつけるのが素敵です。

ネイル

ナチュラル＆クリーンが決まりです。昼間は、それ以上は必要ありません。

服

友だちとのランチ用、通勤用、ちょっとしたお買い物などにふさわしい服も持っていなければ、理想的なワードローブとは言えません。

... UNTIL NIGHT 夜まで

「アンディと特別な場所に行くときは、思いきりドレスアップを楽しみます。美しいものやキラキラ光るジュエリーを身につけるのは大好きです。夜の外出は、うんとおめかししたいものです」

8:00 CURTAIN 8時開演

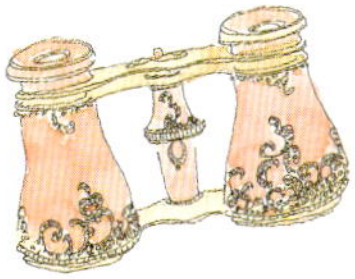

これから「何をするのか」だけでなく、「どこへ行くのか」も考えましょう。メトロポリタン歌劇場にオペラ『ラ・ボエーム』を観に行くのなら、特に念入りにおしゃれして。まばゆい光を放つようなドレスを選びましょう。レストランやコンサートホールの照明のもとでは、全体的にソフトでミステリアスな印象になることを忘れずに。ドラマチックに装いましょう。

「私の場合、5歳のときから
『着せかえごっこ』をしているけれど、
一生やめないと思います」

「ニューヨークのザ・プラザ・ホテルに行くときは、エレガントな内装にはえるドレスを選ぶように、劇場のゴージャスな空間の中でも、観客はそれ相応の装いをするべきです。とにかく、私はいつもその場にふさわしい装いを心がけています」

IN A MANNER OF SPEAKING... PUT ON THE DOG
こんな言い方、ご存知かしら?……「プット・オン・ザ・ドッグ」

派手に着飾る、めかしこむことを言います。初めて使われたのは1871年。「フィルハーモニック劇場での一夜ほど、クレアとホイットが心ゆくまで楽しんだものはなかった。クレアはコーラルピンクのシルクシフォンの羽飾りに彩られて光り輝き、ホイットは特別仕立てのグレーのピンストライプのスーツに身を包み、アスプリー製のカフスボタンでめかしこんでいた(Whit put on the dog with his bespoke gray pinstripe suit and Asprey cufflinks.)」

1977年にメトロポリタン歌劇場が初めてテレビ放映した『ラ・ボエーム』は、全米で400万人が見ました •

DRESSING DISASTERS: SLIPS, RIPS, AND BROKEN HEELS

ピンチ！：スリップが、縫い目が、そしてヒールが！

服装に関しては、どんなに注意していても、アクシデントは起きるもの。けれども、対処する方法も必ずあるものです。あわてず機転をきかせて、そのときはそのときと割りきりましょう。何より、言いわけがましく取り繕うのはやめましょう。

「誰だってヒールが折れたり、ボタンが飛んだりしたことがあるはずです。外出先ではどんなことが起こるかわかりません。不測の事態に対する私のアドバイスはいたってシンプル。ひとしきり笑いとばしたら、胸を張って、前に進みましょう」

A FEW SURPRISES WE'VE ALL EXPERIENCED...

誰しも思いあたること

ブラウスのボタンが取れていることに、なんとビジネスランチの途中で気づきました。 —— もしブレザーを着ていたら、襟をきっちりと合わせましょう。それができない場合は、ナプキンを引っぱりあげて、肌がのぞかないようにしましょう。

ホール・イン・ワン！　部屋に入って、いすに座ったとたん、ストッキングが大きく伝線しているのに気がつきました。 —— 席をはずして脱いでしまいましょう。肌寒くても、素足のほうがましです。

素敵なノースリーブのドレスを着たとき、ブラジャーのストラップが見えていないか、背中をチェックすることをうっかり忘れていました。 —— ショールかセーターを持っていれば、肩に羽織りましょう。なければ友だちに借りてください。

車から降りたとたんにヒールがポッキリ折れてしまいました。 —— どちらが変か考えてみましょう。片足は素足で片足は靴、それとも両足とも素足？　両足とも靴をあきらめたほうがよい場合もあります。

よりにもよって親友が貸してくれた服を着ているとき、アクシデントが襲います。ジッパーは壊れ、ボタンがはじけとび、どういうわけかマスタードをこぼしてしまう。 —— そんなことが起きてしまった場合、できるだけ早く着替えたほうがよいでしょう。それから、友だちに正直に話し、修理やクリーニングを申し出ましょう。そして返すときには簡単なメッセージと、お詫びのしるしのちょっとした贈りものをそえて。

招待状に小さく書かれた文字を見落としていました。会場のどこを見ても、フォーマルな服装の人はひとりもいません。 ── そっとジュエリーをはずし、アップにしていた髪の毛をおろし、「パーティー用」のスペシャルメイクは急いでふき取りましょう。それから、いちばん近くのウェイターを呼びとめて、トレイの上のシャンパンをもらいましょう。

カジュアルなお店だと思っていたのに、入ってみると上品なレストランでした。すでに到着していたゲストも皆着飾っています。 ── 髪の毛をとかし、口紅をつけなおし、落ち着きはらった笑みを浮かべ、アーミン（註:オコジョの冬毛の毛皮）のコートに身を包んでいるかのように、優雅に席まで進みましょう（願わくは、壁側の席でありますように!）。テーブルに着いたら、ジーンズをはいていることなんて誰にもわかりません。

おろしたてのコートの内側に取り忘れたタグがぶらさがっているのを、デートの相手に見られてしまいました。 ── 軽く笑いとばして、素早くコートに袖を通し、ドアに向かいましょう。

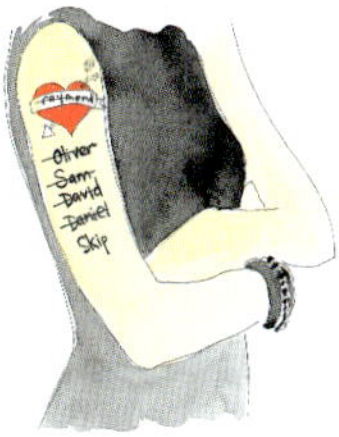

「80歳になっても、タトゥーがかっこいい
女の人って、見たことある?」

アンディ・スペード

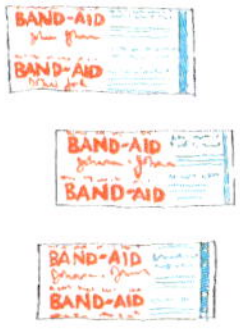

新しいサンダルだから用心して靴ずれ防止にバンドエイドを貼っておいたのは我ながら賢かった、と思って足元を見たら、サンダルからバンドエイドがのぞいていました。 ── たしかに、この小さなガーゼの付いたテープは便利なものですが、人目についてしまっては、スリップやブラのストラップがのぞくのとあまり変わりません。出かける前に、ちゃんとチェックしましょう。もしものときのために、予備を何枚かお財布の中にしのばせておくとよいでしょう。

SOCIAL SPILLS AND GRACIOUS RECOVERIES

おつきあいの場での失敗を優雅におさめる方法

受け取った郵便物の宛名で文字がまちがっているのと、知っている人から何度も名前を（おまけに発音まで）まちがえられるのとでは、話がちがいます。そんなときは、どうすればよいでしょう？相手に気まずい思いをさせないで、上手に訂正する方法はあるのでしょうか？

A FEW SOCIAL SPILLS WE'VE ALL WITNESSED (OR COMMITTED)...

どれも見たことあるような……（あるいはやったことも）

ロブスターの殻を割ろうとしたら、汁がとんで同席していた人にかかってしまいました。—— あなたがロブスター用エプロンをつけていたら、はずして使ってもらいましょう。それからナプキンも。ついでに身の詰まったツメも1本、お詫びのしるしに。

パーティーの日を勘ちがいして、1週間早く行ってしまいました。—— この状況を救うには、もうユーモアしかありません。例えば、「遅刻撲滅キャンペーンをひとりで展開してるんだけど、どうも極端に走りすぎてしまったみたい」などと言ってみてはいかがでしょう。

ある人に、ご主人はお元気ですか、とたずねたところ、すでに離婚していたことがわかりました。—— 当然、相手は親友というより単なる知り合いでしょう。率直に、心を込めて謝りましょう。でも、それをよいことに破局の原因をたずねたりしないこと。

ある催しに行ったら、招いてくれた方と同じドレスでした。—— これは「氷の微笑みテクニック」で切り抜けるしかありません。どちらにとってもこんな偶然の一致がおもしろいわけはありませんが、表向きは何でもないように、さらりとかわしておきましょう。

白いサマードレスに赤い色のカクテルをこぼしてしまいました。あるいは、誰かにこぼされてしまいました。—— どちらもアクシデントです。だから、どういうふうにこぼれたかは問題ではありません。席をはずし、ソーダ水をもらって、とりあえずしみが広がらないよう応急処置をしましょう。

そして、思いもかけない極めつけのアクシデントが化粧室で待っていました。トイレが流れません。—— 人生は公平だ、なんて言ったのは誰かしら?

THE NAME GAME
ネーム・ゲーム

名前をまちがって発音されたり、書きまちがえられたりすることはよくあることです。にっこり微笑んでがまんするべきだと思われがちですが、本当はその場ですぐに訂正するほうが、後になって言うよりも親切です。言い遅れると、後々かえって気まずい思いをさせてしまうことに。正しい名前を伝えるときは、にこやかに、さりげなく言うようしましょう。

SOME COMMON AND UNCOMMON SPELLINGS
こんな綴りもあります
（註：もっとも一般的な日本語読みをカタカナでつけました）

Alice, Alyce（アリス）

Ana, Anna（アナ）

Claire, Clare（クレア）

Eileen, Ilene（アイリーン）

Elise, Elyse（エリーズ）

Elizabeth, Elisabeth, Lisbeth
（エリザベス、リスベス）

Joanna, JoAnne（ジョアナ、ジョーアン）

Karen, Karyn, Caryn（カレン、カリン、キャリン）

Leah, Lia（リア、ライア）

Lesley, Leslie（レスリー）

Lisa, Liza（リサ、ライザ）

LouLou, Lulu（ルル）

Maira, Maria, Maura, Moira
（マイラ、マライア、モーラ、モイラ）

Sara, Sarah（サラ、セーラ）

Susan, Suzanne（スーザン、スザーン）

Zoë, Zoey（ゾーイ）

BLUNDERS . . .　失敗の数々

外国語の発音は要注意

その外国語をよく知っている人には、まちがった発音は黒板をツメで引っかいた音のように耳ざわりです。外国語が得意でないなら、映画のタイトルは翻訳ヴァージョンを使い、食べものの名前は一般的な訳語を使いましょう（もちろん、「リングイーニ・アッレ・ヴォンゴレ」などは別。「アサリのパスタ」と言うより断然おいしそうに聞こえます）。また、ふつうの言葉でこと足りるのに、わざわざ気取った言葉を使うのはいやみです。気をつけましょう。

20世紀、1960年までは、女の子の名前でもっとも多かったのは「mary（メアリー）」でした

WHAT DO YOU DO WHEN . . .
こんなときどうしたら

協同組合式アパートを買うことになり、住民代表の面接を受けている最中に、しゃっくりが出てきてしまいました。―― ちょっと緊張しているようです、お水をいただけますか、と頼んで紛らわせましょう。できるだけ面接を中座しなくてすむように。

親友のバースデーに、しゃれたランチに招待しました。勘定書が来て初めて、現金しか受けつけてくれないことがわかりました。手持ちはたったの20ドルです。―― 困りましたね。友だちにお金を借りるのも気まずいでしょうが、レストランがあなただけにルールを変えてくれるとも思えません。でも、ピンチのときは、レストランもあなたが面目を保てるように助けてくれるかもしれません。近くのATMに行く間、待ってくれるよう頼んでみましょう。

仕事で東京に着いたばかりです。大事なクライアントと歩いているときに、うっかりガムを踏んづけてしまいました。―― まず、どんな場合でも、行き先の国の習慣やマナーを勉強しておいたほうがよいでしょう。アメリカ人にとって、イギリスは東京と同じくらい「異国」という場合もあります。どうすればよいか自信がないときは、とりあえず気づかないふりをしておいて、後で連れの方に断って誰もいないところで処理しましょう。（けれども、誰かの家に入るときは、その前に処理する必要があります）

会社の副社長と話していたら、彼のズボンの前が開いていることに気がつきました。―― この場合、2つの選択肢があります。どちらを選ぶかはあなたと相手との親しさ次第です。単刀直入に事実を告げるか、あるいは誰か親切な人が教えてあげるだろうと期待して知らんふりをするか、どちらかです。

友だち数人とその子どもたちもいっしょにピクニックをしています。やんちゃな8歳のサムに、すねを思いきり蹴りつけられました。―― 痛むすねには氷を当てて、ビールでもあおりましょう。

IN A MANNER OF SPEAKING . . . BETWEEN A ROCK AND A HARD PLACE

こんな言い方、ご存知かしら?……「岩と大地の間」

どちらを取っても納得のいかない選択を迫られる苦境のこと。古代の有名な叙事詩『オデュッセイア』に、怪物スキュラと船を飲み込む渦潮カリブディスに両側からはさまれた危険な海峡を通り抜けるエピソードが出てきます。これはその現代版です。「ルーシーはディナーパーティーを楽しもうとしているのに、向かいに座った男性がときどき彼女の脚を蹴るのです。何か言えば、彼は気を悪くするかもしれませんが、このまま黙っていれば脚があざだらけになってしまいます」

THINGS THAT GO BUMP IN THE NIGHT . . .

夜中に聞こえる奇妙な音

何か動いたような気がする。かすかに何かを引っかくような音が聞こえる。あるいは突然、どこからともなく小さな動物や虫が姿を見せる……。家の「外」にいるはずの動物や虫が家の「中」にいるのを見つけたときほど、ドキッとすることはありません。神経質な人やネズミ嫌いのゲストにとっては、笑いごとではないのです。けれども、蚊やネズミが出たり、リスがあたりを走り回ったりしても、少なくとも翌朝まではがまんして、騒ぎ立てないこと。夜が明けてから主人に話すか、悪い夢として忘れてしまうかを決めましょう。

WHEN STUART LITTLE COMES CALLING . . .

スチュアート・リトルが遊びにきたら

午前1時。明かりを消そうとしたら、部屋にネズミが1匹いました。あなたは悲鳴をあげ、ネズミはあたりを駆け回わる騒ぎになっても、家の人は起きてきません。落ち着いてください。小さなネズミはあなたの20倍も怖がっているのです。ベッドの上に飛びあがってくることは絶対にありません。でも、ドアをほんの少し開けておいてはどうでしょう。ネズミはどこかよそに遊びに行きたくなるかもしれません。

「ミッキーマウス」は、第2次世界大戦中、連合国側がフランス侵攻作戦「D(デー)」の合言葉として使った言葉です

SECTION TWO

From Me to You: The Gentle Art of Communicating

私からあなたへ：心のこもったコミュニケーションとは

会話上手になりましょう

電話、携帯電話、それから迷惑なおしゃべり

手紙を書きましょう

招待状、出欠の返事、お礼状

私の好きな手紙 ・ 手紙にまつわるトリビア

ARTFUL CONVERSATION

会話上手になりましょう

「私は人と話すのが大好きなので、話すことがなくて困るというようなことはめったにありません。でも、ただぺらぺらしゃべるのと、相手が興味をもってくれそうな話題を選んで話すのは、別のこと。相手に退屈な思いをさせるのは、本当に気まずいものです。誰かと話をしていて話のタネがつきたら、他の人を会話に引き込むようにしています。すると、またとても話がはずむことがあるんです」

「よい垣根は、よい隣人を作る」

ロバート・フロスト、『垣根を直す』

「ねえ、誰かとお話して。お願いだから、誰かに話しかけてちょうだい。そうやってひとりで突っ立っているところをあの人に見られたら、私たち、もう招待されなくなるわ。私はパーティーが大好きなのに」

ジョン・チーヴァー、『怪物ラジオ』

WORDS TO ARTFULLY DODGE...

避けたほうがよい言葉

さまざまな人がいる場では使わないほうがよい言葉もあります。例えば、背が低い、はげている、太っている、やせている、まだ独身、失業中など。

IN A MANNER OF SPEAKING...SPOONERISM

こんな言い方、ご存知かしら?……「スプーナリズム」

ひとつの文にある2つの単語の、最初の音を入れ換えて発音してしまうこと（とんでもない意味になることも）。よくこういう言いまちがいをしたウィリアム・A・スプーナー牧師（註：オックスフォード大学ニュー・カレッジの学寮長）の名前に由来します。有名なのは "Son, it is kisstomery to cuss the bride."「君、花嫁を呪う(cuss)のがキストマリーだよ」という一文。本当は「キスをするのが習慣（customary to kiss）」と言いたかったのでした。

SOME TIMELESS ADVICE ON MAKING CONVERSATION
いつも思い出してください

聞き上手になりましょう —— 誰かに話を聞いてもらい、共感してもらうと気分がよくなるものです。

楽しい会話のコツはギブ・アンド・テイク —— 両方の達人になりましょう。

シャイな性格は問題ではありません —— 人と話していて失敗するのは、あまりしゃべらないからではなく、しゃべりすぎるからです。

話す前に、よく考えましょう —— 一度口にしたことは取り消せません。

過ぎたるは及ばざるがごとし —— 一から十まで話す必要はないのです。

沈黙を受け入れて —— ラジオではないのです。ノンストップで話し続ける必要などありません。

年齢 —— ごまかすくらいなら、いっそ話題にしないことです。

話題を選びましょう —— 相手との共通点を探して、そこから話を発展させましょう。

ほめるべきときには、きちんとほめましょう。でも、やりすぎてはいけません —— 心が込もっていないように思われます。

話題にすべきでないこと —— 親しい相手でなければ、デリケートな話題は避けたほうがよいでしょう。例えば、政治や子育て、お金の話題。ひいきの野球チームの話も要注意です。

子どもの話はほどほどに —— 子ども自慢は、聞かされるほうにしてみれば不愉快なもの。ペットについても同様です。

お天気 —— もっとも退屈な話題といえましょう。

自慢話もそっぽを向かれます。

デリカシーを忘れずに —— 誰だって歳のことを言われたくはないものです。（あなたもそうでしょう？）

ユーモアは健康的 —— 皮肉や悪意といったものは健康を損ねます。

無理に頭のよいところを見せる必要はないのです —— ありのままの自分でいましょう。

「皮肉は知性の
ダンディズムだが、
やさしい言葉使いは媚薬だ」

アンディ・スペード

PARDON MY FRENCH . . .
口が悪くてごめんなさいね

Sugar, merde!（仏語）, drat, crikey, fudge, cor blimey, jiminy Christmas, balderdash, son of a gun, dang it, for crying out loud, bull pucky, jiminy cricket, baloney, schiss（独語）, zut alors!（仏語）
（註：すべて同様の意味。冒涜的かつ下品なののしり言葉"Christ（驚きを表す）"などの婉曲な言い換え表現、もしくは「くだらない」「ちくしょう」という意味をもつ外国語）

TELEPHONES, CELL PHONES, AND SECONDHAND CHAT

電話、携帯電話、それから迷惑なおしゃべり

「日中は友人と会う時間がほとんど取れないし、夜も出かけることが多いんです。ですから、打ち合わせに行く途中や、出張で空港に向かう移動の間に、できるだけプライベートな電話をかけるようにしています」

HOW TO GIVE GOOD PHONE...
電話のエチケットとは

時間 —— ふつうの用件なら平日は朝の8時から夜の10時までに、土曜日は朝の10時から夜の10時までに、日曜日は正午から夜の10時までにかけるべきです。

キャッチホン —— 割り込んできた電話が、特に待っていたものでなければ、メッセージを残してもらうようにしましょう。相手と話すにしても、後でかけ直すと言うだけにすべきです。大事な話の途中なら、初めから出ないこと。

折り返し電話するなら —— プライベートな電話には、その日のうちか、24時間以内にかけ直しましょう。

「私は電話が大好きです。
こう言っても別に恥ずかしいとは思いません。
電話でのおしゃべりには、週末がいちばんです。
ゆっくりと友だちや家族と話せますから」

CELL PHONE DO'S . . .
携帯電話を使ってよいとき

いつ？　もちろん、使ったほうが経済的で便利なとき。

移動中に、待ち合わせや予約の時間、映画の上映スケジュールなどの確認や変更をしたいとき。

どんなときも、フレンドリーな会話を心がけて。

レストランやお店、美術館に入るときなどは、マナーモードに。できることなら、どうしても必要な場合以外、電源を切っておきましょう。

子どもとベビーシッターからかかってくる場合 ―― いつでも連絡できるようにしておくのは、携帯電話の有効な使い方です。

緊急事態発生 ―― 言うまでもありません、使ってください。

レストランにいるとき、携帯電話は忘却のかなたに追いやってしまいましょう。

AND DON'TS . . . でも、気をつけましょう

手持ち無沙汰だからといって、やたらに携帯電話を使うのは考えものです。

人に聞こえるところで、プライベートや仕事上の問題、お金や健康の心配ごとなどについて話すのはやめましょう。

周囲に人がいる場合、携帯電話で相手をののしったり、言い争ったりするのはやめましょう。どんな理由があってもタブーです。

いくら話の内容を周囲の皆に聞かせたいからといって、自慢げに大きな声を出してはいけません。どんなときにも、声のボリュームは控えめに。

SECONDHAND CHAT
そのおしゃべりは、はた迷惑

携帯電話の会話をわきで聞かされるのは、他人が吸っているタバコの煙を吸わされるようなもの。例えばブティックに、ひとりでも携帯電話で話している人がいると、店内をひととおり見終わるころには、彼女の靴のサイズ、探しているもの、予算、つきあっている相手の名前まで聞かされてしまうことがあります。こんな身勝手なふるまいは周りはおもしろいはずありません。人の顔にタバコの煙を吹きかけるのも、人の耳に聞きたくない話を吹き込むのも、どちらもやめていただけません？

CELL HELL　ケータイジゴク

「私と携帯電話との関係は、愛憎あい半ばというところ。携帯電話のおかげで得られる自由や安心はたしかにすばらしいと思います。でも、きっと同じような人が大勢いるでしょうが、私はそんなにいつも人と『つながって』いたいわけではないんです。街を歩いたり、買い物をしながら話したり、病院で使ったりしている人を見ると、もっと目立たないように、周りの人に気をつかえばいいのにと思ってしまいます」

エレクトリック・ライト・オーケストラの「テレフォン・ライン」は1977年に全米ヒットチャートで10位にランクインしました

WRITTEN CORRESPONDENCE

手紙を書きましょう

「私はステーショナリーが大好きです。きれいなレターセットはいくらあってもうれしいもの。もし私が有閑マダムだったら、毎日ちゃんと机に向かって、皆に手紙やカードを書いて過ごすことでしょう。実際には、そんなひとときは夢のまた夢。でも、手紙をもらってうれしくない人なんているかしら？」

LETTERS 手紙

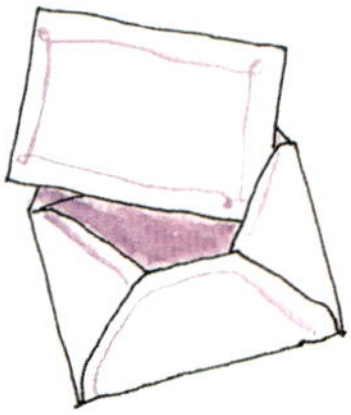

FORMAL SALUTATIONS

敬称を使いましょう

いくら世の中がカジュアルになったとはいえ、改まった手紙にはやはり、多少の礼儀が必要です。ていねいになりすぎたところで、まったく害はないのですから。お礼状を書くときに、相手の名字を使ったほうがよいと思ったら、手紙の書き出しのあいさつには「Ms.」、「Mrs.」、「Mr.」をつけましょう。お互いのファーストネームは、親しい間柄になってから使ってください。

「あなたにはもっと長い手紙をさしあげたいところなのですが、誰に対しても、当人が当然受けるべき扱いをしてあげることがほとんどない、というのが私の不幸な宿命なのです」

ジェーン・オースティン

「正式な社交上の手紙は、
必ず手書きで」

NEATNESS COUNTS

見た目は大切です

字の上手下手はどうにもなりませんが、手紙全体の印象をよくすることはできます。コーヒーのしみ、折りジワ、いったん書いた文章に線を引いて消した跡などがある手紙は送ってはいけません。受け取る側にしてみれば、手紙の見た目イコールあなたの印象なのですから。

「手ごろで使い慣れたぴったりの言葉があるときに、
大げさな言葉をわざわざ使おうなどと思ってはいけない」

ウィリアム・ストランク・Jr、E・B・ホワイト共著、『エレメンツ・オブ・スタイル』

このところ、昔風のハウス・ステーショナリー（註：家の名や住所だけが入った便箋や封筒）が復活しています。なかには、セカンドハウスや田舎の別荘に、お客さま用のハウス・ステーショナリーを備え付けておく人も。

BE NATURAL
自然に

プライベートな手紙には、堅苦しくならないよう、自然な言葉を使いましょう。日常の話し言葉と同じような表現を使ってもかまいません。

IN A MANNER OF SPEAKING . . . CLICHÉS
こんな言い方、ご存知かしら？……「決まり文句」

世の中には数え切れないほどの決まり文句がありますが、聖書かシェイクスピアを出典とするものがたくさんあります。使うのは、「パイを食べるくらい簡単」ですが、「過ぎたるは及ばざるがごとし」、次のようなフレーズは要注意です。two peas in a pod（瓜二つ）、dancing on the head of a pin（無益な議論）、bib and tucker（いっちょうら）、grin like a Cheshire cat（わけもなくニヤニヤ笑う）、knock the sock off（靴下が脱げるほど驚かせる）、two left feet（不器用）、birds of a feather flock together（類は友を呼ぶ）、life is a bowl of cherries（人生にはたくさんの楽しいことがある）

「簡潔こそは機知の魂」

シェイクスピア、『ハムレット』

（註：小田島雄志訳『シェイクスピア全集1』、白水社より）

ENVELOPE SIZES 封筒のサイズ

ENVELOPE 封筒	SIZE サイズ
A2	4 3/8 × 5 3/4
A6	4 3/4 × 6 2/1
A7	5 4/1 × 7 1/4
A8	5 1/2 × 8 1/8
A10	6 × 9 1/2
6 1/4"	3 1/2 × 6
6 3/4"	3 5/8 × 6 1/2 ※1
7 3/4"	3 7/8 × 7 1/2 ※2
8 5/8"	3 5/8 × 8 5/8 ※3
9"	3 7/8 × 8 7/8
10"	4 1/8 × 9 1/2 ※4
11"	4 1/2 × 10 3/8

註：単位はすべてインチ。1インチ＝約2.54センチ
※1 洋形7号　※2 洋形6号　※3 洋形5号にほぼ相当
※4 洋形4号にほぼ相当

PAPER SIZES 紙のサイズ

PAPER 紙	SIZE サイズ
モナーク	7 1/4 × 10 1/2 ※5
ハーフ	5 1/4 × 3 3/4
ビジネス	8 1/2 × 11 ※6
レター	5 1/4 × 7 1/2 ※7
チット（伝票）	5 3/8 × 4 1/8 ※8
はがき	4 × 6 ※9

※5 B5より少し縦長　※6 A4より少し幅が広く短い
※7 B6より縦横ともにやや大　※8 A6より少し縦長
※9 官製はがきよりやや大

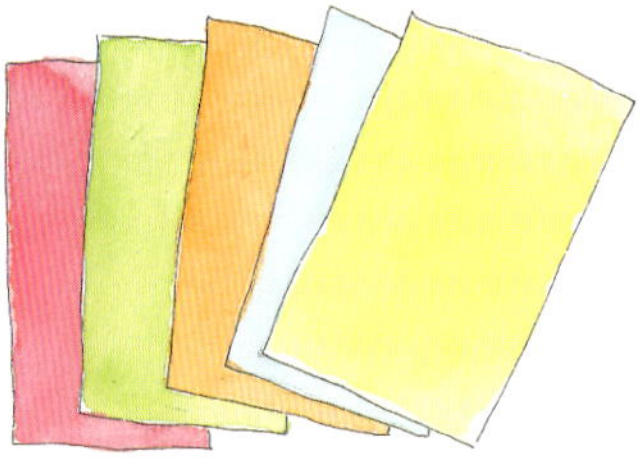

IN A MANNER OF SPEAKING . . . BROWNIE POINTS

こんな言い方、ご存知かしら？……「ブラウニー・ポイント」

ガールスカウトのもっとも年齢の低いグループ、ブラウニーでよい行いをするともらえるポイントのこと。イメージがアップする、株が上がる、などの意味があります。「ハリーはいつもきちんと手紙を書く娘でしたが、南フランスから両親に何通も愛情のこもった手紙を送ってきたので、両親はたいそう喜び、彼女の株もますます上がりました（She earned brownie points from her parents for the frequent and endearing letters she sent them while in the south of France.）。たぶん、新鮮な海の空気のおかげでしょう」

GREAT DIARISTS
日記文学の巨匠たち

ジョンソン博士

アンネ・フランク

サミュエル・ピープス

キャサリン・グラハム

ティボール・カルマン

ヘンリー・スティムソン

セシル・ビートン

エレノア・ルーズヴェルト

ヴァージニア・ウルフ

アンディ・ウォーホル

ブリジット・ジョーンズ

「冗長な手紙になってしまいました。
そぎ落として簡潔なものにする時間がなかったのです」

パスカル

CORRESPONDENCE THAT NEVER GOES OUT OF STYLE
時代が変わっても、必ず出すもの

一般的な招待状

結婚式への招待状

赤ちゃん誕生のお知らせ

着席式パーティーの座席札

お礼状

別れの手紙

ラブレター

バカンス先からの絵はがき

ファンレター

転居、新居のお知らせ

「私のアイデアは、たいてい机に向かって書いているときではなく、生きていく中でわいてくる」——アナイス・ニン（註：フランスの小説家、詩人）

THE STATIONERY WARDROBE

ステーショナリーの引き出し

「私たちの会社は、初めはとても小さかったので（たった4人で、ハンドバッグの種類も少しでした）、小さな会社らしく、文書は全部小文字で書くことにしました。手紙をタイプするときも、人の名前も、文の最初の一文字も、小文字しか使わないんです。皆きちんと守っていました。今では大文字も小文字も使っているので、会社も成長したということです」

（註：1インチ＝約2.54センチ）

BUSINESS STATIONERY ビジネス用ステーショナリー

レターヘッド	会社名、個人名、役職、住所、電話番号、ファックス番号、メールアドレス入り。三つ折りにして封筒に入れます。 8 1/2 × 11 インチ 封筒：宛て先住所と同じ面か、裏のふたに会社名と所在地アドレス。 用途：正式な文書に。コーポレート・イメージを表現するものです。発信者の氏名と会社の住所や電話番号などが入ったレターヘッドは、本人が仕事の関係で使う場合に限られます。プライベートに使ってはいけません。
モナーク	ふつうは個人の名前と役職入り。三つ折りにして封筒に入れます。 7 1/4 × 10 1/2 インチ 封筒：発信者の名前と会社名を裏のふたに印刷します。 用途：略式のビジネスレターに。受け取る人とファーストネームで呼び合う間柄の場合。形式ばらない通知などに。
コレスポンデンス・カード	厚手の用紙に、個人の名前を入れます。 4 1/4 × 6 1/4 インチ 封筒：裏のふたに発信者の名前と住所。 用途：短いあいさつ状や礼状を手書きするときに。
名刺	できれば厚手の紙で。印刷やエンボス加工で、場合によっては縁取りなどをしてもよいでしょう。ビジネス用ステーショナリーの中では、もっともデザインにこる余地のあるものです。 3 1/2 × 2 インチ（標準サイズ）、特注サイズもあります。 用途：コーポレート・アイデンティティを表現することです。

ビジネスレターの結びの言葉：Sincerely（一般的）、Sincerely yours（ややフォーマル）、Very truly yours（ややフォーマル）、Yours truly（イギリス式）、Gratefully（礼状に）

SOCIAL STATIONERY 社交用ステーショナリー

レターシート	名前と住所、または住所のみ。二つ折りにして封筒に入れます。 封筒：名前と住所、または住所のみ。 用途：ふつうの手紙、または長めのあいさつ状、礼状に。
フォールドオーバー	二つ折りにして折り山を左または上にして使うのでこう呼ばれます。フルネーム、モノグラム、またはイニシャル1文字だけを、印刷かエンボス加工で表のページに入れる場合もあります。1ページ、3ページ、2ページの順に使って書きます。裏は使いません。2つに折って封筒に入れます。 5 1/4 × 7 1/2 インチ 封筒：名前と住所、または住所のみ。 用途：社交用ステーショナリーの中でもっともフォーマルなもの。フォーマルな招待状への返事、お悔やみ状に。
ハーフシート	レターシートの半分の大きさなのでこう呼ばれます。名前だけ、または名前と住所入り。モノグラムを入れてもかまいません。2枚目の紙は無地。 5 1/4 × 3 3/4 インチ 封筒：名前と住所、または名前だけ。 用途：一般的な手紙に。
コレスポンデンス・カード （または「インフォーマル」とも言います）	レターほどフォーマルではありませんが、社交用ステーショナリーの中ではいちばんよく使われます。厚手のカード用紙を使います。トップ部分に名前、モノグラムを入れることもあります。無地または縁取りつき。折らずに表側だけを使います。 6 3/4 × 4 1/4 インチ 用途：社交用ステーショナリーの中では、もっとも多様な使い方ができるものです。お礼状、招待状に。切手を貼れば、はがきとしても使えます。
個人用名刺	厚手の紙を使います。名前だけか、名前と電話番号、名前と住所を入れます。住所はふつう、右下のすみに入れます。 2 7/8 × 2 インチ（未婚女性向け）　3 1/8 × 2 1/4 インチ（既婚女性向け） 用途：贈りものにそえたり、社交的な訪問のときに使われます。

社交的な手紙の結びの言葉：Warmly（一般的）、Warm regards（一般的）、Best（略式の手紙のときだけ）、Fondly（親しい間柄の場合）、Affectionately（親しい間柄の場合）、Appreciatively（お礼状に）、Yours（一般的）

BUSINESS LETTERS ビジネスレター

かつては、ビジネスレターはすべてタイプ打ちしていました。今でも、フォーマルな文書はタイプ打ちにするべきとされています。相手の会社名、住所の他に、受取人の名前と正式な肩書きも必ず入れます。

TYPE/WRITER
タイプか、手書きか

ビジネスの場でレターを手書きにするのはどんなときでしょう? 上司に仕事で特に力になってもらったときや、日曜日に会社からピクニックに行ったときのお礼を言う場合などです。手書きにするとややくだけた感じになりますが、仕事にふさわしい言葉使いと文章のトーンを失ってはいけません。

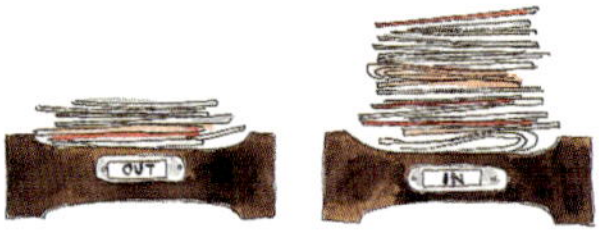

スムーズに仕事を進めるには、タイミングよく返信をすることが大切です。

BUSINESSESE IS A FOREIGN LANGUAGE
ビジネス用語は外国語と考えましょう

率直に、平易な言葉で。要領よく、具体的に。受け身の文章は避けましょう。相手に何をしてほしいのかを明確に。プロらしく、それでいて人間らしさを忘れずに。

REPETITIVE REDUNDANCIES
よぶんな言葉の繰り返し

最終的な結論

いっしょに混ぜる

基本的な原則

特別にあつらえた

非常に緊急な

きわめて独自の(さぞかし、すごいものでしょうね!)

WINDBAG WORDS
空っぽな言葉はむなしいもの

大げさだったり、あいまいだったり、あるいは今では陳腐な言葉やフレーズがあります。次のような言い回しは使わないほうがよいでしょう。

Enclosed herewith(ここに同封いたしましたのは)は
Here is(～をお送りします)に

Due to the fact(～の事実により)は
Because(～なので)に

Per your request/Further to your request
(ご依頼にもとづき)は
As you mentioned(おっしゃっていた)に

As to when/Until such time (～のときにあたり)は
When(～のとき)に

「フォーマルな手紙はあまり書きませんね。
でも自筆でサインするものは必ず手書きにしています」

E-MAIL AND FAXES　Eメールとファックス

「Eメールに関しては、私は技術革新反対派です。手紙を書くのが大好きなので、Eメールが単なる便利な道具以上のものとは考えられないんです。もちろん、仕事に便利なことはわかっているのですが」

Eメールはあまりにも簡単で、しかも速いので、今まで守られていた礼儀作法を忘れてしまうことがあります。

オフィスで —— 同僚と交わすEメールがどんなに短くても、回数が多くても、あくまで仕事中であることを忘れないように。「送信」ボタンの威力は恐ろしいものです。怒りにまかせて「送信」してはいけません。言葉選びは慎重に。どんな社内メールも他の宛て先に転送される可能性があります。また、上司はいつでも閲覧できるかもしれません。

自宅で —— 個人が発信するものは何でもそうですが、文面にはあなたの個性が表れることを忘れずに。アドレス帳に入っている人全員にジョークやグラフィック画像を送りつけて、相手の時間を無駄にするのはやめましょう。気が動転しているときや、腹を立てているときにもEメールを送るのは避けたほうが賢明というもの。お互いのためです。

「みんな1日中、大量の情報にさらされているものだから、
常識がなくなってしまうのです」

ガートルード・スタイン

ファックスはスピードではふつう郵便に勝りますが、注意すべき点がいくつかあります。

社外秘の文書をファックスで送るのは危険と隣り合わせです。必要な安全対策をしましょう。

他人宛てのファックスは、決して読んではいけません。

相手先に断りもなく、書類を何ページも何ページもファックスで送りつけるものではありません。長時間回線をふさいだり、紙詰まりを起こさせたりするかもしれません。(バイク便や速達、Eメールを使うことを考えましょう)

送るにしても受けるにしても、いちばん安全なのは昼間です。夜間、相手の自宅にファックスを送るのはやめましょう。

1989年、イギリスの画家デヴィッド・ホックニーはサンパウロのビエンナーレにファックスで作品を送りました・

INVITATIONS 招待状

「アンディも私も、パーティーを開くのが大好きです。カジュアルなときも大がかりなパーティーのときも、楽しみの半分はどんな招待状にするかを考えること。正式な招待状のよそいきな雰囲気が好きなんです。彼はいつも豊かなイマジネーションと気のきいた言葉のセンスで助けてくれます。彼のユーモアがちょっと入るだけですごく引き立つんです」

「どうしてもおしゃべりな人を招かなければならないなら、無口な人も招待してバランスをとること」

出典不明

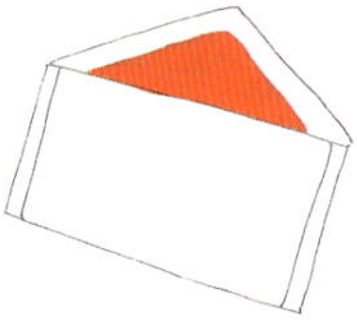

ふつう、招待状は「ケイト・スペードはあなたをアンディのバースデーパーティーに招待いたします……」というように3人称で書きます。当日から数えて2週間前に送るのが理想的です。

WHEN YOU SEND AN INVITATION, 招待状を送るなら

最低限これだけは忘れないこと:

パーティー・イベントの名前

開催日

開始時間

会場

ドレス・コード(ある場合のみ)

RSVP

気軽な集まりなら、友だちは電話で招待してもよいでしょう。でも、全員の出欠をきちんと把握できないかもしれません。気をつけなくてはいけないこと —— 他の人がいるところでひとりだけを誘ったりしないように。そして、いったん招待したら、重大な理由があるとき以外、取り消してはいけません。

IN A MANNER OF SPEAKING . . . FIELD DAY こんな言い方、ご存知かしら?……「フィールド・デー」

楽しいときを過ごすこと。かつてはサーカスや巡回遊園地は原っぱ(field)に設営されるのがふつうだったことに由来します。「内心では40歳になるのがいやでたまらなかったけれど、ルビーは仲のよい友人たちが開いてくれたパーティーを大いに楽しみました(Ruby had a field day at the party her close friends gave.)。和紙でできた揺れるちょうちん、藤の花の香り、ライトピンクのカクテル。どれも、皆の心づくしでした」

RSVPS　出欠の返事

「Répondez s'il vouz plaît.（出欠をお知らせください）」というこのフランス語だけは、特別な行事に出席したことがある人なら誰もが知っています。エチケットの世界では、「どうぞ」や「ありがとう」と同じくらい大事な言葉です。

WHEN AN RSVP IS UNNECESSARY
返事を出さなくてもよいのは

カクテル・パーティーやお茶会への招待は、正式なものでも略式でも、招待状に「RSVP」と明記されていなければ、出欠の返事をする必要はありません。こういう催しの場合、招待する側はおよその参加人数をつかむため、「regrets only（欠席の場合のみ、ご連絡ください）」と入れることが多いようです。

親しい友人の間なら、気軽な集まりやクリスマスや感謝祭などのパーティーへの出欠の返事を電話でしてもかまいません。

A CARD LAID IS A CARD PLAYED
出したカードは取り消せません

招待に応じるか辞退するかを決めるのはあなたですが、いったん出席すると返事をしたら招待してくれた人への義務は果たさなければなりません。どんな理由があっても、約束は取り消さないこと。（あなたのキャンセルの理由の「頭痛」が治って他のパーティーに出ていた、なんて最初に招待してくれた人の耳に入ったら、気まずいでしょう?）

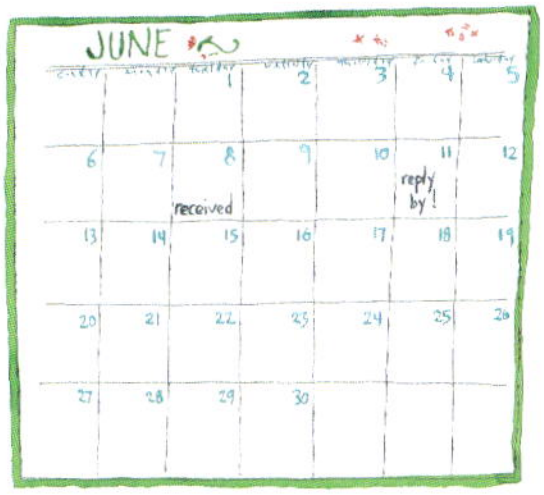

正式な招待への返事は、招待状を受け取ってから2日以内にするべきです。

出席するとき —— 何月何日何時の、何々に出席します、と招待状の言葉を繰り返して書きます。

辞退するとき —— 残念ながら何月何日何時の、何々に出席できません、と繰り返し、その理由も簡単に書きそえましょう。

「ジリリン、ジリリン、本日はごきげんいかが」——アメリカ人女優リリー・トムリンが、人気コメディ番組で電話交換手のアーネスタイン役を演じたときの台詞

THANK-YOU NOTES

お礼状

「人に何かしてもらってありがたいと思うのと、お礼状のかたちで感謝の気持ちを表すのとでは全然ちがいます。きっと皆忙しいでしょうから、お礼状を出さないからと言って、感じの悪い人とは思いません。でも、真心のこもったお礼を言っていないことを気にしているより、さっさとカードを送ったほうがずっとよいと思います」

いただいたギフト、招待されたイベントやパーティー、あるいは実際に相手と交わした会話など、何に対するお礼なのかがわかるように書きましょう。

「週末に招かれてこのうえなくぜいたくな時を楽しんだのに、心の込もったお礼の手紙を書かないのは、どんな言い訳もできない恥ずべきことです」

アリス-レオーネ・モウツ（註：アメリカのジャーナリスト）

「スリー・デイ・ルール」は、お礼状にも適用されます。出欠の連絡が必要な招待状の返事と同じで、3日以内に出しましょう。

「親愛なるジュディスとイヴァンへ。ごちそうしていただいたのに、お礼がこんなに遅くなってしまって、とても許してはいただけないわね……。もちろんその他の思いやりにも感謝しています。3番街と50丁目通りの交差点を渡るとき、私が命とまでは言わなくても理性を失わなくてすんだのはおふたりのおかげです。私がルーズなことはご存知だと思います。大目に見ていただけるかは、また別の話ですけれど……」

M・F・K・フィッシャー（註：アメリカの作家。美食に関する著作で有名）から、ジュディス・ジョーンズと夫のイヴァン（註：ともに料理ライター、編集者）への1971年5月29日の手紙

IN A MANNER OF SPEAKING . . . A BREAD-AND-BUTTER LETTER

こんな言い方、ご存知かしら?……「ブレッド・アンド・バター・レター」

歓待に対するお礼の手紙。もともとは週末に家に招かれた後で出すものでした。「エイミーは、週末にメグに招かれてテニスを楽しんだお礼の手紙をすぐに出すつもりだったのです（Amy meant to send off a bread-and-butter letter right away thanking Meg for the marathon tennis weekend.）。でも、赤ちゃんが2人もいるし、おまけに引っ越しをしたばかりだったので、とうとう1週間が過ぎてしまいました」遅くなっても、まったく出さないよりましです。

CHILDREN AND THANK-YOU NOTES
子どものお礼状

下手でも、子どもなりに自分で書けるようになるまでは、親がお礼状を書くべきでしょう。でも、お願いですから、お子さんの「親として」書くようにしてください。お子さんの「フリをして」書くのは、かわいいのを通りこしてわざとらしいだけです。そして5歳くらいになったら、短くてもかまいませんから、自分で書かせるようにしましょう。上手下手は関係ありません。もらった人は、何が書いてあっても、字がたどたどしくても、かえってかわいいと思うはずです。そのうちに、お礼状を書く習慣が身につきます。14歳ごろにはすっかり一人前になっていることでしょう。

1本のワインにひと言
「ありがとう」とそえるだけでも、
充分気持ちが伝わることもあります。

「どんなに豪華に美しくデザインされていても、印刷のカードは、手書きの感謝の言葉にはかないません」

エミリー・ポスト

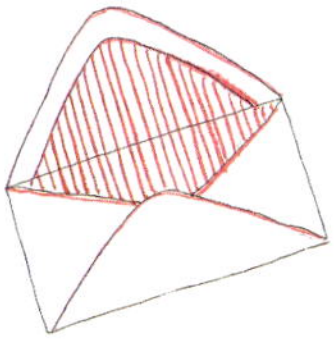

THE TARDY THANK-YOU NOTE
お礼状を出しそびれてしまいました

よくあることです。出す気は充分にあっても、何週間も遅れてしまうことがあります。解決策は、とにかくすぐに書いて送ってしまうことです。書き方をちょっと工夫しなければならないかもしれませんが、長々と言い訳を連ねる必要はありません。いただいた贈りものやご招待そのものに対するお礼の気持ちを中心に、真心を込めて書きましょう。

LETTERS I LOVE

私の好きな手紙

「心に残る手紙を書くのは一種の芸術であり、憧れます。いつまでもなくならないでほしいものです。Eメールやファックスばかりの世の中になってきているので、特にそう思います。手紙で愛を語るほどすばらしいことはないし、ウィットのきいた手紙はなかなか書けるものではありません」

モーツァルトは妻のコンスタンツェにこんな手紙を送りました。

「つかまえてごらん！　びっくりするほどたくさんのキスが空中を飛び回っている。おっと！　ぼくにはいっぱい見える！　あはは！　3つもつかまえた。実にいい味だ」

ビートルズ時代、ジョン・レノンはMBE（大英勲章第五位）を授与され、いったんは受けましたが、後年、政治的信条から返却しました。そのときのエリザベス女王への電報です。

女王陛下殿、英国がナイジェリア-ビアフラ内戦に関与していること、ベトナム戦争においてアメリカを支持していること、私の曲『コールド・ターキー』がチャートを下降していることに抗議して、このMBE勲章を返還いたします。

愛を込めて　ジョン・レノン

作家であり詩人のジャック・ケルアックから、当時の恋人で作家のジョイス・ジョンソンへ、1957年6月27日の手紙：

ジョイスへ。この前の手紙は忘れてくれ。ここがあんまりひどいので、気がめいって……計画通りに進めてくれ。ずっといっしょに行くよ……いずれは、メキシコまでも。いい考えがあるんだ……君もメキシコを舞台にした小説を書かなくちゃだめだ！

愛してる　ジャック

妻のゼルダ・セイヤーから夫のF・スコット・フィッツジェラルドへ、1919年春：

私はあなたのためにつくられたのだと思わない？　あなたの注文どおりにつくられたような気がするの。そしてあなたのところへ届けられて、身にまとわれるのよ。時計やチャームのように、ボタンホールに挿す花のように、私を世界中に見せびらかしてちょうだい。

第二次大戦中、英国の首相を務めたウィンストン・チャーチルと、その妻クレメンタインが交わした手紙は、57年におよぶ結婚生活を愛情こまやかにいきいきと語るとともに、歴史上、類を見ない一時代の貴重な記録となっています。クレメンタインの手紙は1909年に、チャーチルの手紙は1914年に書かれたものです。
（註:2人は互いをパグ、キャットの愛称で呼び合い、それぞれの手紙には必ずパグ犬と猫の絵を描いていた）

愛しいあなたへ

今夜は私がP·K（註:Puppy Kitten=最初の子どものこと）をお風呂に入れてやりました。乳母のホッジポッジは私がなかなか上手だったと言っています。これからはいつも私が入れてあげようと思います。そのことで、彼女はかなりやきもちを焼いています ——

土曜日の乗馬にちょうどいい、素敵な道を見つけましたよ ——

今夜の晩餐会がうまくいくといいですわね。私も本当に出たかったのですが。

おやすみなさい、私のパグちゃん。猫の絵をもっと練習しなければなりませんわ。あなたのお描きになったパグのほうが、私の猫よりずっとお上手ですもの。

あなたを思いながら
クレメンタイン

私のキャットへ

万事休すだ。ドイツはロシアに宣戦布告して平和への最後の望みを打ち砕いてしまった。フランスに宣戦布告するのも、もう時間の問題だ。

君の考えはよく理解できる。しかし、世界は狂ってしまった —— だから我々は自国と、同盟諸国を守らなければならないのだ。来週、1日か2日こちらに来てくれるとうれしいのだが。とても会いたい —— 私と同じ意見で助言してくれるときの君は、私をとても勇気づけてくれる。

かわいいキャット、愛する君へ

忠実なWより

子猫たち（註:子どもたちのこと）にキスを

デヴィッド・O・セルズニックは、ハリウッド史上もっとも偉大な映画製作者のひとり（〈晩餐八時〉〈スタア誕生〉〈風と共に去りぬ〉が主な作品）。大小さまざまなことについてすばらしい手紙や電報を書いたことでも有名です。1939年に、セルズニック・インターナショナル社のキャサリン・ブラウンに宛てたこの電報は、次の映画〈別離〉で使おうと考えていたイングリッド・バーグマンについてのもの。彼女にとってはアメリカ映画第一作となりました。

バーグマンは身長177センチ。本当にそんなに背が高いのだろうか。
レスリー・ハワードにはしごを用意すべきか？

1951年、E・B・ホワイトからアメリカ動物愛護協会の会長へ、飼い犬に対するメイン州の税金を払っていないとの批判に対して：

貴殿はミニーの名前、性別、犬種、電話番号についておたずねになりましたが、彼女は電話には出ません。ダックスフントでありますから、電話には届きません。しかし、もし届いたとしても、外線電話にはまったく興味がありませんので、出ることはないでしょう。

ユーモア作家ロバート・ベンチリーは、初めてヴェニスに行ったとき、友人にこんな電報を打ちました：

マチジュウミズビタシ／アドバイスコウ

おはよう、ゼルダ。もちろんだよ。スコット

F・スコット・フィッツジェラルドから、妻のゼルダへの電報、1920年

ユーモア作家ジェイムズ・サーバーのストーリーとイラストは、長年にわたって「ニューヨーカー」誌の読者を楽しませてくれました。彼はプライベートでも、ウィットとやさしさにあふれた手紙を書いていました。1947年に娘のローズマリーに宛てて書いたこの手紙もそんな一例です：

パパは昔からパンジーが大好きだった。これは君が赤ちゃんのときの写真が貼ってあるアルバムのページの間にはさんでおこう。君がお気に入りのヘビを絞めあげている写真もあるよ。それを見て私たちは、君がアメリカ最初の女性大統領になるにちがいないと思ったものだ……君がこのごろよく手紙を書いてくれるようになって、おまけにその手紙がすばらしくよく書けているので、パパとヘレンは大喜びだ。何をたくらんでいるのかな？　パパを追いこそうというのかい？

2人から愛とキスを　パパより

ハーポ・マルクス（註：コメディアングループ「マルクス・ブラザーズ」のひとり）からジョン・F・ケネディ上院議員へ、1960年7月、民主党の大統領候補者指名を祝う電報：

まずは、おめでとう。
次に、閣僚にハープ弾きはいらんかね。
3番目に、母さん、父さんによろしく。

詩人ジョン・ダンからヘンリー・ウォトン卿（註：駐ヴェニス大使を務めたイギリスの外交官）へ：

わが友よ、口づけよりも雄弁に
手紙は魂を通わせる
友の姿は見えずとも文に託して語り合う

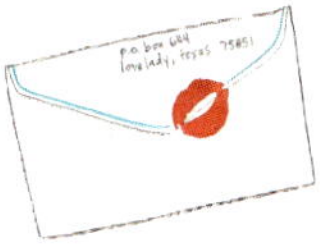

S・J・ペレルマン（註：アメリカの風刺作家、脚本家）は、あるとき若いデザイナーからファンレターをもらいました。ところが宛名の綴りがまちがっていました。彼はユーモアたっぷりにこんな返事を出しました：

クリスマスカードでも何でも、手紙一本で人から何かもらおうと思うなら、せめて相手の名前くらいはよく調べてきちんと書くようにするんですよ、お嬢さん。さあ、お説教はおしまい。元気を出して、楽しい新年を。

ハーポ・マルクスが初めてした仕事は、パン屋でオーブン用の薪を積むことと、パイの仕分けをすることでした（1日でやめました）

LETTER TRIVIA

手紙にまつわるトリビア

「たいていの女の子と同じで、私も十代のころはペンパルがいて、手紙が届くといつもわくわくしたものです。姉や妹といっしょに『幸福の手紙』に夢中になったこともあります。たぶんそれでよく手紙を書くようになったのでしょう。それに、私自身はコレクターではありませんが、切手集めはおもしろい趣味だと思います。アンディも蚤の市で古い花の切手を見かけると買ってきてくれるんです」

"DEAR JOHN"
「ディア・ジョン・レター」

第二次世界大戦中、男たちが戦場に出かけて行ったとき、すべての恋人たちが長い別離を乗り越えたわけではありませんでした。結婚や婚約の解消を選んだ女性は、海外に出征中の兵士に手紙で別れを告げました。「ジョン」は兵士の代名詞でした。（起源は1917年の愛国歌「オーバー・ゼア」のリフレイン）

WATERMARKS
透かし模様

便箋などの製造者を示すために目立たないように入っているマークです。半透明で、光にかざすとよく見えます。ウォーターマークは700年に及ぶ歴史の中で、メッセージを表す記号や所有者のシンボルとして（例えば、教皇十字、王冠）、あるいは紙質を示す方法として使われてきました。現在では用紙の中央下方に入れますが、もともとは真ん中に入れていました。文字や数字、幾何学模様、何かの場面を表す絵などが使われます。

"DEAR CLASSMATES"
「親愛なるクラスメートへ」

ボルチモアにあるガウチャーカレッジの1903年度卒業生は、50年にわたって手紙の「ラウンド・ロビン」（註：もともと、請願書などに誰が最初にサインしたかわからないように、円形に署名をしたことが語源。スポーツの試合での総当り形式や、パッチワークなどの作品を何人かが少しずつつぎ足して完成させることもこう呼ばれる）を続けました。同期生54人中35人の女性が、手紙を書いては次の人に送り、順に回覧するという方法で、結婚や子ども、教育、仕事、2つの世界大戦、大恐慌、旅、老いについて書き綴ったのでした。

FETCH!
拾っておいで

世界中の国々では、100種以上の犬が切手に登場しています。コレクターや愛犬家は、これだけたくさん集めようと思うと、ただ座って手紙を待っているわけにはいきませんね。

バーニーズ・マウンテン・ドッグ —— アラブ首長国連邦アジマン、ブータン

ボーダー・コリー —— ニュージーランド

ボルゾイ —— アブハジア自治共和国、ブリヤート共和国（ともにロシア）

フレンチ・ブルドッグ —— ブータン

アイリッシュ・ウォーター・スパニエル —— アイルランド

キング・チャールズ・スパニエル —— 英国

スコティッシュ・テリア —— アンティグア・バーブーダ

IN A MANNER OF SPEAKING . . . CATCH-22
こんな言い方、ご存知かしら？……「キャッチ＝22」

数多いフレーズや言い回しの中で、これは比較的新しく、文学に起源があるものです。アメリカの小説家ジョーゼフ・ヘラーが1961年に書いた同名の小説でつくったフレーズです。どちらの道を選んでも、同じくらい面倒な問題が起きるというジレンマを表していました。今もその意味で使われます。「バーバラはチョコレートに目がありませんでした。最近凝っていたのは小粒のダークチョコレートでした。でも、残り6個になってしまいました。いつもこのキャッチ＝22的状況に悩んでしまいます。食べたい誘惑にかられますが、全部食べてしまえば、それでおしまいですから」

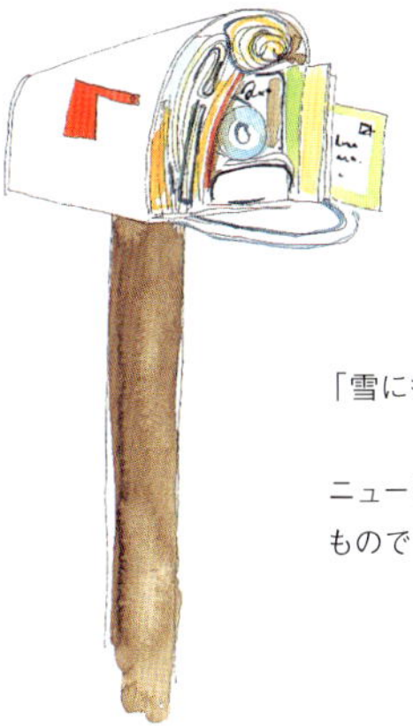

「雪にも、雨にも、暑さにも、夜の闇にもひるむことなく、我らはすみやかにつとめを果たす」

ニューヨーク中央郵便局のエントランスに掲げられたこの句は、50年以上前に刻まれたものです。

IN SCRABBLE, LANGUAGE IS AN EIGHT-LETTER WORD, UP, DOWN, OR SIDEWAYS

スクラブルのゲームでLANGUAGEは、8個の文字を上から、下から、または横に並べてできる単語

JAZY —— 4文字でできる言葉の中でもっとも得点が高い単語。「梳毛糸《そもうし》でつくったかつら」という意味で、23点。

ETAERIO —— 手ゴマとなる確率がもっとも高い7文字でできる単語。「複合果」の意味。

1948年、アルフレッド・バッツという名の建築家が、ボキャブラリー能力と偶然の要素を組み合わせた言葉のゲームを考案しました。彼は「クリス・クロス・ワード」と名づけましたが、のちにパートナーと共に「スクラブル」という名前に変えました。「必死で手探りする」という意味です。スクラブルには多くのルールや用語があり、中でもいちばん罪が重い違反は、「コーヒーハウジング」といって、相手の集中を乱すこと。これは絶対にしてはいけません。

SOME KEY DATES . . .

歴史を変えた年

1450年　グーテンベルクが、膨大な「グーテンベルク聖書」を印刷する

1638年　アメリカ最初の印刷機がマサチューセッツ州ケンブリッジで組み立てられる

1780年　スチール製のペン先が初めて使われる

1798年　石版刷りが発明される

1847年　アメリカ最初の郵便切手が発行される

1868年　タイプライターが特許を得る

1880年　モノタイプ（単字自動鋳植機）、ライノタイプ（連続活字自動鋳植機）が発明される

INTRODUCING MR. ZIP . . .

ミスター・ジップをよろしく

1963年7月1日、アメリカ郵政省はジップ（ZIP）と呼ばれる郵便番号制度を導入しました。Zone Improvement Plan（集配区域改善計画）の頭文字を取ったものです。

MOVIES AND LETTERS
映画と手紙

〈郵便配達は二度ベルを鳴らす〉
ラナ・ターナー、ジョン・ガーフィールド

〈緋文字〉
リリアン・ギッシュ、ラース・ハンソン

〈月光の女〉
ベティ・デイヴィス、ハーバート・マーシャル

〈シラノ・ド・ベルジュラック〉
ジェラール・ドパルデュー、アンヌ・ブロシェ

〈恋におちたシェイクスピア〉
グウィネス・パルトロウ、ジョセフ・ファインズ

〈ユー・ガット・メール〉
トム・ハンクス、メグ・ライアン

QWERTY SKILLS
タイプライターの雑学

左手だけでタイプできるもっとも長い単語はdesegregated（desegregateの過去・過去分詞形：人種差別を廃止する）、reverberated（reverberateの過去・過去分詞形：反響する）、stewardesses（stewardessの複数形：客室乗務員）、watercress（クレソン）

右手だけでタイプできるもっとも長い単語はhomophony（単声音楽）、nonillion（米では「10^{30}」、英独仏では「10^{54}」）、pollinium（花粉塊）、polyphony（多声音楽）

上段の文字だけでできるもっとも長い単語はrupturewort（ナデシコ科の植物）、中段の文字だけでできるもっとも長い単語はHadassah（ハダサ、旧約聖書中の人物エステルのヘブライ語名、アメリカの女性シオニスト組織の名称でもある）、2番目はalfalfa（マメ科の牧草）

※註：一般的なタイプライターのキーは、上段左からQWERTYの順に並んでいることから、「クワーティ配列」と呼ばれる

SECTION THREE

A Manners Miscellany

マナーあれこれ

ボブ&キャロル&テッド&アリス ・ オール・イン・ザ・ファミリー

おつきあいの礼儀、小さな迷惑

おもてなしと食事 ・ 私のものは私のもの

贈りもの、贈ること、贈りものを「再度」贈ること ・ 美術館とギャラリー

動物を愛する人々 ・ マンション暮らしの心得

スポーツのマナー ・ 外国旅行はマナーもいっしょに

お金について ・ アンディ・スペード名言集

BOB & CAROL & TED & ALICE

ボブ&キャロル&テッド&アリス

(註:1969年、アメリカ映画のタイトル。60年代アメリカの性革命を背景に2組の夫婦をめぐるコメディ)

ご紹介します —— 恋のキューピッドを演じるのが好きな人もいれば、出会いは運命に任せるべきだと考える人もいます。知り合いどうしを紹介することが楽しいという「世話好き」の人は、自然な気持ちに従えばよいのです。でも、男性と女性を引き合わせたら、後は出しゃばらないほうが賢明です。何かトラブルがあったとき、紹介したあなたがうらまれることだって、ないとは言えません。

デートの終わりはキス? —— 最近は「初めてのデート」に決まりなどはないのかしら? そうかもしれませんね。でも、変わらないことがひとつだけあります。それはキスです。四つ星のフレンチ・レストランでのディナーでも、本屋を回ってコーヒーを飲んだだけのデートでも、必ず最後はキス、などという決まりはありません。あいさつのキスや握手だって、義務ではないのです。

過去は単なるプロローグ、ドラマの本筋は「2人の会話」です —— デートで「過去の恋人」のことに触れるのは、スリップしやすい坂道を行くように危ういもの。現在にしっかりと立ち、未来に目を向けましょう。

「これまでに会ったどんな女性よりも、
ミッキーマウスが好きだ」
ウォルト・ディズニー

IN A MANNER OF SPEAKING... THE BEE'S KNEES

こんな言い方、ご存知かしら?…「ハチのひざ」

最上のもの、最高の品質のものという意味。ハチは脚にある小さなくぼみに花粉を入れて運ぶことから。「彼女はこれ以上何を望むことができたでしょう。彼は花を贈ってくれ、2人は週末をずっと映画を観て過ごしました。彼は服のセンスもよく、ユーモアがありました。つまり、ドナにしてみればトムは最高の人だったのです(Tom was the bee's knees.)」

ALL IN THE FAMILY

オール・イン・ザ・ファミリー

（註：70年代のテレビコメディのタイトル。社会の風潮に対する辛らつな風刺で人気があった）

年中行事 —— 家族や親戚が顔を揃えるのは、年に6回ほど。一人ひとりが行儀よくふるまうことが求められます。部屋を見わたしてみましょう。ここに集まっている人たちこそが、誰よりも大切な、あなたのことをいちばん気にかけてくれる人たちだと、改めて実感できることでしょう。

親しき中にも礼儀あり —— たとえ自分の家族でも、約束した時間に遅れるのに電話しなかったり、訪問を取りやめたり、無断でものを（それがお母さんの植木ばさみでも）借りたりしてもよいと思うのはまちがいです。

ビショビショのタオル —— 子どもが小さくて、バスタブから出たり入ったりする回数を親がコントロールできるうちは、親子でひとつのバスルームを使うのは微笑ましい感じがします。その時期を過ぎると、バスルームは誰にも荒らされたくない大切な場所になります。誰だって、バスマットが湿っていたり、自分のタオルの上に誰かの濡れたタオルがのっていたりしたら、うれしいはずがありませんよね？　共同で使う部屋はどこでもそうですが、バスルームも常にマナーを守るべき場所です。

いずれ終わるときが来ます —— 兄弟姉妹間の対抗意識は必ず出てくるものです。力比べもあれば（男の子どうしのフェンシングごっこ）、知恵比べもあります（妹が兄を出し抜いてケーキの最後のひと切れをせしめる）。また、歳の順が不満のタネになることも（「お兄ちゃんはいいな。もう車を使えて」「でも、おまえを学校に迎えに行かされるんだよ」）。ありがたいことに、子ども時代のもめごとは思春期を過ぎると少なくなり、家族らしい仲のよさが戻ってきます。親としては辛抱強く待つことです。これもいずれは終わることと、自分に言い聞かせながら。

「家族とは、子どもの他に、男、女、ときには動物も加わって
構成するひとつの単位である。それには、風邪がつきものだ」

オグデン・ナッシュ

IN A MANNER OF SPEAKING... BLACK SHEEP

こんな言い方、ご存知かしら？……「黒い羊」

厄介者、仲間はずれにされることを意味します。昔、羊飼いたちは黒い羊が白い羊をおびえさせると信じて、群れから追い払っていたことから。「どう見ても、ジュリアンは一家の厄介者でした（Julian was the black sheep of the family.）。3人の男の子の中で、門限に遅れたり、おこづかいをなくしたり（または、すぐに使ってしまったり）、毎晩のように食事の時間に遅れたりするのは、決まって彼でした。それでも、彼の母はそんな息子をいっそうかわいく思うのでした」

「ピーナツバター恐怖症」の人は、ピーナツバターが口の中の上側につくとヒステリックになります・

SOCIAL GRACES, MINOR ANNOYANCES

おつきあいの礼儀、小さな迷惑

ごあいさつにキスをしてもよいでしょうか？ ── かつては握手をした場面でも、今では頬にキスのようなしぐさをすることも。握手にとどめておきたいと思ったら、相手がキスをしようと身を乗りだしてくる前に、さっと手をのばして握手を求めましょう。地域によって、あいさつのキスの仕方はちがいます。片側に1回でよいところもあれば、ヨーロッパ式に、両頬に1回ずつするところもあります。お互いに向きを変えるとき、うっかり唇にふれてしまっても、知らんふりをしておくことです。

抱きしめるべきか、それとも？ ── 友だちどうしなら、イエスです。仕事の同僚やお客さまでも、本当に心の通い合う相手なら、腕を回して抱き合いましょう。仲のよい友だちとちょっと知っているだけの人が混じっているときは、全員と抱き合うかどうかはあなたの自由。でも、なんて時間がかかるんでしょう!

ごめんなさい、お名前は何とおっしゃいました？ ── いい雰囲気になって、新しい恋人とキスをしていたら、彼の口から出たのは他の人の名前。さあ、どうしましょう。足を踏んづけてやりますか？　もう2度と会わないわ、とたんかを切る？　それとも、わざとちがう名前で呼んでやる？　気になるなら、彼にはっきりとそう言いましょう。でも、夜も寝られないほど怒るようなことではありません。

WE MUST DO LUNCH
今度ぜひランチをごいっしょに

誠意を示すのはよいマナーの基本です。だから、ランチをいっしょにとか、飲みに行きましょうと口にするのは、本当にそのつもりがあるときだけにします。2日以内に電話をかけるか、招待状を送ってフォローしましょう。

ポップコーンは各自ご用意ください ―― 映画館のいすに落ち着いて、さてポップコーンを楽しもうとしたら……脂っぽくて湿っていました。おまけに、7ドルもしたんです。まったく！　もう一度、売店の列に並ぶべきでしょうか？　いいえ、でも今度からは外で買って持ち込みましょう。

ディップソースの2度づけ ―― 衛生的ではないし、見た人は食欲をなくします。なのに、皆しています。防止策としては、オードブルをまわすとき、すぐにナプキンかようじをわたして、そのすきにすばやく次の人にお皿をまわす、という手があります。朝から晩まですべての人の行儀を改善しようとしても無理ですが、とにかくがんばってみてもよいでしょう。

携帯電話について、もう一点 ―― 友だちや同僚が携帯電話でつかまらなかったことを、デートや約束の時間に遅れた口実にしてはいけません。

THE ART OF THE TOOTHPICK
爪ようじの上手な使い方

本当は、爪ようじの使い方に秘訣も何もありません。ちょっと歯のお手入れをする必要を感じたら、席をはずして誰もいないところでしましょう。

IN A MANNER OF SPEAKING . . . MIND YOUR P'S AND Q'S
こんな言い方、ご存知かしら？……「PとQに気をつける」

行儀よくして、言葉に気をつけることを意味しています。活字を手作業で組んでいたころ、植字工はpとqをまちがわないように、特に注意する必要がありました。「ティムは、とんでもないときにばか笑いする癖がありましたが、ちょっとお堅い名づけ親を訪ねたときは、とびきりお行儀よくふるまいました（Tim, who was known to guffaw at the most inappropriate of times, did his best to mind his p's and q's when visiting his conservative godparents.）」

遅刻

どんなに努力しても、どうしても時間に遅れる人もいれば、いつも早く来すぎる人もいます。あらかじめ知っていれば対処できますが、約束の時間になってから電話をかけてきて、15分から30分遅れるなどというのは、決して許されることではありません。もっと早目に連絡するのが礼儀です。

サンプルセール

誰でもバーゲンは好きでしょうが、「ショッピング大好き人間」にとっては、サンプル品が格安で買えるサンプルセールは天国のようなものです。でも、熱気にあおられて血まなこにならないように。引っぱり合いや口論、お目当ての商品をはさんでのにらみ合いは、レディーのすることではありません。大好きな色の上等のカシミアのセーターが395ドルから125ドルに値下げされたからといって、何が何でも買わなければならないことはありません。それとも、やっぱり買うべきかしら?

WHISPERING, GOSSIPING, AND YELLING

ヒソヒソ声、うわさ話、そして大歓声

映画や劇場での上演の間に1回か2回、小声で話すのはよいでしょう。野球場なら歓声をあげるのもわかります。でも、無責任なうわさ話はシートベルトをせずに運転するくらい危険なこと。ベルトを締めて、ボタンを留めて、ジッパーを閉めて、シーッ。

IN A MANNER OF SPEAKING . . . MAD MONEY

こんな言い方、ご存知かしら?……「マッド・マネー」

デートがけんか別れに終わったときのために、女性が持ち歩くお金のこと(『ウェブスター大辞典』1922年版より)。「ダイアンは昔から、デートが万一うまくいかなかったときのためにお金を少し持っていくのが習慣でした(Dianne had long been trained to carry around a little mad money with her, just in case something went wonky on a date.)。でも、ジョンと出かけたときに、まさかそんなことになるとは思ってもみませんでした。ところが、そのまさかが現実になってしまいました」

外出先でマニキュア?

どうしてもやめられない習慣があるようです。人前で爪を切ったり、やすりをかけたりすることもそのひとつ。これほど見苦しいものはありません。バスに乗っているときや、公園のベンチに座っているとき、レストランでデートの相手を待っているとき(絶対にやめて!)などに、爪の手入れをするなんて、もってのほかです。大事な手足のお手入れなら、ネイルサロンへ行くか、自宅でお好きなだけどうぞ。

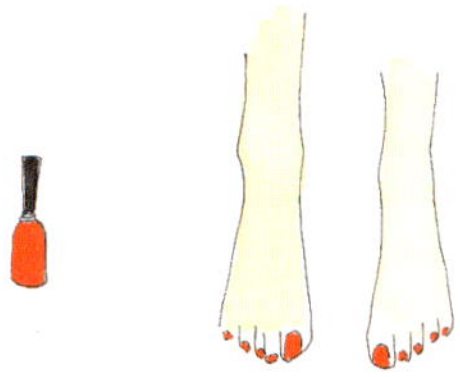

その音、耳ざわりです

ポータブルCDプレーヤーで音楽を流すとき、少し気をつかうだけで、プラグを引っこぬいてやりたいと思われなくてすみます。浜辺では、10メートル先で本を読んでいるカップルが聞きたいのは波の音で、ヒップホップ・ミュージックではないことを頭に入れておきましょう。オフィスでは会社のルールに従いましょう。音楽がひらめきを生むとして許されている会社でも、同僚に気をつかい、ボリュームを調節すべきです。日中音楽をかけるとよい顔をされないところでは、残業のときまでとっておきましょう。

誤ちは人の常、許すは神の業

GUM IS Y/GUMMY
ガムのエチケット

ガムをかむと気分がすっきりして、空腹やのどの渇き、退屈を紛らわせてくれます。ただし人前では、ガムをクチャクチャ音を立ててかんだり、フーセンをふくらませたり、パチンと破裂させたりするのはやめてください。誰かといっしょのときは、皆にすすめるとよいでしょう。もちろん、採用面接や赤ちゃんの洗礼式、恋人とのディナーなど、決してガムをかむべきではない場合もあります。

UNGRACIOUS GIGGLES
不作法なクスクス笑い

「教会に行くたびに起きる、私の例のクスクス笑いがますます大きくなりました。がまんしようとすると、かえってひどくなるんです。しまいには英国国教会も、私の魂が本当に救われるのか、大いに疑問をもっていたんじゃないかしら」

セーラ・ファーガソン(註:英国ヨーク公の元妃)

HOSPITALITY AND FOOD

おもてなしと食事

ベーグルとコーヒーを —— 親類や友だちが週末に泊まりに来るとき、特によその町から来る人には、何か食べたいものがあるかを聞いてあげましょう。中でも朝食は、食べるものが決まっているという人が多いので、それを用意してあげると喜んでくれるでしょう。

酔っぱらったゲスト —— 「ある晩、ケイトの友だちが来ていて遅くなったので、泊まっていってもらうことにしたんだ。歯ブラシと、ぼくのTシャツをわたして、おやすみを言った。翌朝起きると、彼女はごめんなさいと書かれたお礼のメモを残して帰った後だった。2、3日すると彼女から小包が届いた。中には『のんだくれゲストのお泊まり用Tシャツ』とプリントされたTシャツが入っていた」

アンディ・スペード

食べてしまったんだ
冷蔵庫の
中にあった
スモモ

たぶん君が
取っておいたんだろう
朝食のときに
食べようと思って

ゆるしておくれ
でもおいしかったよ
とても甘く
とても冷たくて

ウィリアム・カーロス・ウィリアムズ、
「実はね」

「君の帽子はここにある。急ぐ理由はどこにある?」

アメリカの古い言い回し

IN A MANNER OF SPEAKING . . . DUTCH TREAT

こんな言い方、ご存知かしら?……「オランダ式おもてなし(割り勘)」

自分の分を支払うことを意味し、語源はイギリス人がオランダ人をライバルとみなしていた17世紀にさかのぼります(Going Dutch/割り勘という言い方は、1914年に初めて使われたアメリカ英語です)。「長いつきあいのソフィーとサラは、外で食事をするときは割り勘にすると決めていたので(Sophie and Sarah went Dutch treat when it came to dining out.)、どちらが払うかというあのジレンマがなくなりました」

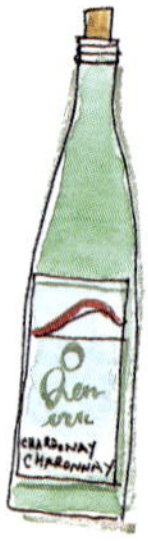

IN A MANNER OF SPEAKING . . . GRATUITY

こんな言い方、ご存知かしら?……「心づけ(チップ)」

思いやりや好意の意味で、心づけ、サービス料のこと。語源は「感謝している」を意味するフランス語gratuité、または中世ラテン語のgratuitas。「スーザンとエイドリアンは近所のビストロの常連で、たいていワインは持ちこんでいました。ウェイターが文句を言ったことなどありませんが、勘定書きには追加のチップ分が加算されていました(The waiters never minded, although a supplemental gratuity was added to their bill.)」

WHAT'S MINE IS MINE

私のものは私のもの

本の貸し借り —— 友だちになってまだ日の浅い人に本を貸してから、もう6ヵ月になります。返してほしいと言っても、相手に失礼だと思われたり、恥をかかせることにはならないでしょうか？　もちろん、自分のものを返してほしいというのはまちがっていません。でも、大切な本を貸してほしいと頼まれたときは、別の本をすすめたほうがよいでしょう。

服の貸し借り —— ギャンブルの世界では、「失って困るものは賭けるな」というのが鉄則。これは人に服を貸す場合にも当てはまります。反対に、人から服を借りたときは、必ずクリーニングに出して、できれば借りたときよりよい状態にしたうえで、1週間以内に持ち主に返しましょう。

オフィスでもルールは同じ —— 自宅に来た友人や同僚が、辞書や計算機を持って帰るなどということはありえませんが、オフィスではこんなルール違反が横行しています。それも、恥ずかしさのひとかけらもなしに、です。オフィスといえども、ものを借りるときのルールは同じ。無断持ち出しはいけません。たとえ鉛筆1本にしても、誰にだって「お気に入り」があるのですから。

HOME LOANS

家を借りる

金曜の夜。車には食料品、水着、それにペットの犬を積み込んで、さあ田舎の別荘へ出かけましょう！……人に借りた別荘ですが。友だちが親切に別荘を貸してくれたときは、持ち主本人がいなくても、客としての一線を踏みこえないよう気をつけましょう。勝手に庭のライラックを切って部屋に生けたり、冷房をつけっぱなしにしたりしてはいけません。事前に何らかの目安を聞いておきましょう。そして、所有者がその場にいてもいなくても、人のものは人のものだということを忘れないように。

GIFTS, GIFTING, RE-GIFTING

贈りもの、贈ること、贈りものを「再度」贈ること

「もらったギフトを上手に他の人に贈るのは、
それだけでひとつの芸術様式だ。
でも、自分にもそういうものが回ってくるかもしれないよ」

アンディ・スペード

困ったギフト

いただいたギフトのサイズが合わない、好みのスタイルではない、我が家のインテリアに合わない、と言うようなとき、その事実をひねりまわしてもどうにもなりません。でも、真っ正直に言うのがいちばんよい解決法だとも思いません。「にっこり笑ってがまん」は一時しのぎにすぎません。では、もらったドレスが、きつすぎたり、ぶかぶかだったりしたらどうすればよいのでしょう?　まずは気持ちよく受け取って、心を込めてお礼を言いましょう。それから、くださった方との関係や、贈られたものにもよりますが、あなたが困っていることを上手に伝えましょう。誰だって一度も使ってもらえないものにお金を使いたくはないですから。

3人目の赤ちゃん

1人目のときも2人目のときもお祝いをあげました。今度もまた贈りものをするべきでしょうか?　ここでは常識をはたらかせましょう。贈りものをするのは、初めて母親になる人が衣類やベビーカーなどの赤ちゃん用品を準備するのをお手伝いするため。ですから、お下がりのベビーカーでも、次に生まれてくる赤ちゃんには十分役立つはずです。

現金主義?

品物ではなく現金にしてほしいと頼みたい気持ちもわかりますが、贈りものは贈り手が自由に贈るもの、もらうほうから注文をつけるものではありません。どんなものにも感謝しましょう。あなたのために選んでくれたのですから。

裕福な友だちに贈るものは

友だちになったのはお金のためではないはずですから、贈りもののやりとりも、値段にこだわるのはやめましょう。自分の予算に合ったもの、またはできる範囲で贈ればよいのです。これは競争でもなんでもないのですから。

もらったギフトを他の人に贈ること

大きな声では言えませんが、実は、誰もがやっていることです。サイズが合わないもの、好みではないもの、返品のきかないものなどを、別の人に贈るのです。たんすの整理やお金の節約のためにするのではなく、どんなギフトでもそうですが、必ず相手にふさわしいものを選ぶようにしましょう。

MUSEUMS AND GALLERIES

美術館とギャラリー

作品には手を触れないでください!

子どものころ、お母さんから何度、お店のものにさわってはいけないと注意されましたか？　美術館やギャラリーでそういう不作法をすると、大変なことになるかもしれません。このルールは世界共通です。（作品に近づいてもよいのは、人の鑑賞のじゃまにならないときだけです）

「アート通」の皆さまご説明をどうも

本当によくいますよね、長々と（しかも大きな声で）作者や、筆使いや、ディテールや、印刷の質や、その他ありとあらゆることについて「うんちく」を披露してくれる「アート通」が。しかし、アートは知識があればよいというものではないでしょう。ですから、にわか専門家や即席講師の皆さま、どうかお忘れなく。レクチャーは座って聞くものですが、美術館やギャラリーにいすはありません。

こちらへは観光で?

どこへ行くツアーにも、たいてい美術館への訪問が組み込まれています。どんな形のものでも文化は喜びです。ですから、エジプトの象形文字を見る機会があれば、芸術そのものを楽しんで、食事をする場所の相談はどうかやめてください。（彫刻家のドゥエイン・ハンソンはどこですか？　彼のつくる「美術館監視員」の像が必要なんです）

こんなの、うちの子でも描けるわ

こう言えるのは、ごくわずかな人たちだけです。例えば、ピカソの母、マティスの父、デ・クーニングの両親などです。

美術館にひとりで出かけるのは、静かな楽しみです。

ANIMAL LOVERS

動物を愛する人々

ペットアレルギー —— 犬や猫に対してアレルギーがある人への配慮は、マナーがどうこうという以前の問題です。アレルギー体質の人たちにしてみれば、非常に大きな問題になりかねません。初めて訪ねてくる人に、家にはペットがいることを知らせておくのは、あなたの義務です。薬を飲めば大丈夫な人もいますが、あらかじめ掃除機をかけ、ほこりを拭き取っておけば、少しは楽に過ごしてもらえるでしょう。

猫は猫、子どもではありません —— 言いにくいことですが、本当です。あなたのケニアやグレイベアやジャスパーや、ハンサムなフランキーやかわいいソフィーは、人類の一員ではありません。動物です。ペットを飼っていない人たちといっしょのときは、お願いですから「うちの子たち」のことをしゃべり続けて退屈させないようにしてください。

YOU LOVE DOGS, BUT...

犬が苦手な人もいますので

あなたの友だちが、ペットの犬が他人に飛びついても、きちんと叱らないような飼い主なら、何を言ったところで素直に聞いてはもらえないと思っておきましょう（子どもの場合も同じです）。苦情は、愛想よくジョークにして伝えましょう。「これで今日3回目よ、犬に飛びつかれたの。犬ってきっとオレンジ色が好きなのね！」飼い主の皆さん、ご注意を。キャンキャン鳴いたり、人に飛びついたり、嗅ぎ回ったりする犬は、根本的な部分で子どもと同じ。つまり、マナーを教え込む必要があるのです！

IN A MANNER OF SPEAKING...TO LET THE CAT OUT OF THE BAG

こんな言い方、ご存知かしら？……「猫を袋から出す」

秘密を明らかにすること。田舎のほうで行なわれていた、遠い昔の（そして不正直な）商売上のトリックに、豚の代わりに猫を麻袋に入れて売る、というものがありました。買い手がチェックして猫だと見破ると、猫は袋から出されました。「チャーリーはずっと前からガールフレンドと駆け落ちするのではないかと疑われてはいたが、やはりそうだったことがわかった（Just the same, the cat was let out of the bag.）。気持ちがはやって、姉にダイヤモンドの指輪の相談をしてしまったのだ」

APARTMENT LIVING

マンション暮らしの心得

私のパーティーよ！ —— パーティーを開く権利は誰にでもありますが、事前に、迷惑をかけるかもしれないお隣さんたちに話をしておきましょう。彼らにも楽しんでもらえそうなら、いっそ招待するのもよい考えです。ふつうは、平日の夜に大勢で騒ぐのはタブーです。住んでいる地域によっては、週末でも夜11時半には音楽のボリュームをしぼりましょう。（けれども、酔っ払いの調子はずれな歌声だけは、昼夜関係なく、絶対にがまんしてもらえません）

よき隣人になりましょう —— マンションに守衛さんがいるラッキーな人以外は、小包ひとつ受け取るのにも大変な思いをすることがあります。進んでお隣の宅配便を預かったり、他の人のためにエレベーターのドアを押さえたり、飼い主が病気のときには犬の散歩を引き受けたりしましょう。住人全員が仲良く暮らしてゆけるいちばん確実な方法です。

子どもですって？　あれは象よ —— 遊んでいる子どもとハイヒールの音は、階下の住人にとっては頭の上で戦争が起こったようなもの。一家で楽しく遊んでいるのね、なんて思ってもらえるはずがないのです。ですから、高層住宅に住む人々にとってはカーペットやラグマットが平和のシンボル。フローリングの床にはカーペットを敷いて、生活音を抑える配慮をしましょう。

HAMMERS, FLOODS, AND THE TREADMILL

かなづち、水漏れ、ランニングマシーン

マンションに暮らす住民はそれぞれに個性豊かで、その行動パターンはまったく予想不可能です。真夜中なのに絵を飾ろうと壁にくぎを打ちはじめたり、掃除機をかけ出す夜行性の人、お風呂のお湯を出しっぱなしにしてはバスタブをあふれさせる（そしてあなたの居間をも水びたしにしてくれる）うっかり屋さん、夜も明けないうちからドシンドシンとランニングマシーンで走るスポーツ中毒の人などは、本当にアタマの痛い問題です。がまんのならないことをやめさせたいなら、念入りに作戦を立てましょう。一時的な怒りにまかせず、自分の理性をはたらかせるのです。隣人どうしの争いが長引けば、どちらの得にもなりません。

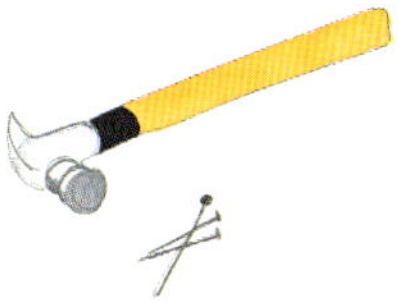

テレビコメディ「スリーズ・カンパニー」は、ジャックと2人の女性がアパートの201号室に同居するお話でした •

THE GOOD SPORT

スポーツのマナー

雪の日 —— スキー場では安全が何より優先します。スキーが得意ではない人といっしょのとき、上級者用のコースを滑らせてはいけません。いっしょに滑るのなら、ペースを落としてその人たちのレベルに合わせましょう。安全第一ではおもしろくない、などということはありません。

太陽がまぶしかったから —— 子どもは宿題を忘れると、よく「犬がプリントを食べちゃったの」などと言いますが、そんな言い訳は通用しません。スポーツでも同じです。自分の下手なプレーを、太陽のせいにしたり、ボールが古くてダメだとか、ギャラリーがうるさいなどと言うのはやめましょう。

あれはうちのボビーよ —— フットボールのフィールドをかけ回るあの小さなクォーターバックはたしかにあなたのお子さんかもしれません。でも、観客席のパパやママは、全員わが子を応援しに来ているということを忘れずに。息子のチームの勝利に酔って大騒ぎしている人に、何を言ったところで無駄というもの。あきらめてホットドッグでも買いに行きましょう。もちろん、いきすぎた子ども自慢はスポーツに限ったことではありませんが。

ゲームカウント3-0 —— テニスコートでは、あからさまに勝負を意識したプレーは見苦しいものですし、混合ダブルスにもふさわしくありません。テニスはシングルスにしろダブルスにしろ、もっとも優雅で洗練されたスポーツのひとつです。勝ちたいと思うのは当然ですが、勝ち方にも良し悪しがあるのです。試合の後、対戦相手と気持ちよく乾杯できないようではいけません。

「ネットを張らずにテニスをしたほうがましだ」

ロバート・フロスト

（註：形式にとらわれないとする自由詩を皮肉った言葉）

タッチダウン! ―― 勝利の美酒はたしかに甘いでしょうが、有頂天になるあまり、負けた人に苦い思いをさせないように。スポーツマンシップは、勝ったときにこそ大切なのです。

水しぶきはお断り ―― 陸の上でやってはならないことは、水中でもやってはならないのです。人に水しぶきをかけてはいけません。飛び込み台の上でしてもよいのは飛び込みだけ。人を突き落としてはいけません。水中で人の頭を押さえつけたり、沈めようとしたりするのも、絶対にしてはいけないことです。水の中でゲームをするのは結構ですが(子どものころにはよくやりましたね)、そこにいる人たちは「楽しむ」ために来ていることを忘れずに。

平常心が大切です ―― 空は青く、天気も上々、ゴルフシューズまで素敵に見えます。なのに、なぜそんなにイライラしているのでしょう。ゴルフファンにとって、このスポーツは究極のリラクゼーション、邪念のない禅のような境地をもたらしてくれるという人がいます。一方で、あの小さなボールは、追っても追っても手の中からスルリとのがれてしまう、かなわぬ願望の象徴だと取る人もいます。バンカーや雑念がゲームのじゃまをしはじめたら、少しペースを落として、周りの美しい景色を眺めてみましょう。大の大人がゴルフのクラブをグリーンに叩きつけることほど、子どもじみた態度はありません。

「負けたときはいつも、勝った人の態度を真似しなさい」

ジョージ・メレディス

IN A MANNER OF SPEAKING . . . RAIN CHECK

こんな言い方、ご存知かしら?……「レイン・チェック」

雨でイベントや試合が中止になった場合に、後日使えるチケットの控えのこと。そこから、後からきちんと約束を果たすという意味をもつようになりました。「アイザックは初めてテニスの全米オープンを観に行くのを楽しみにしていましたが、その朝は土砂降りで、コートはプレー不可能でした。彼の母親は、大会期間中の別の日に入場できるチケットをもらえるから大丈夫よ、と言いました(His mother assured him they'd get a rain check, good for another day during the tournament.)」

MANNERS GO ABROAD

外国旅行はマナーもいっしょに

THANK YOU—MERCI—GRACIAS—DANKE SCHÖN

ありがとう:サンキュー(英)—メルシー(仏)—グラシアス(西)—ダンケシェーン(独)

父母の世代、あるいは祖父母の世代であれば、ちゃんとした紳士淑女ならどこへ旅に出ても、作法にかなった服装や立ち居ふるまいを心得ていました。今ではコール・ポーターの曲『エニシング・ゴーズ』のタイトルどおり、「何でもあり」になってしまいました。外国でも自分の国にいるときと同じで、マナーを心得ていれば何ごともスムーズに、気持ちよく運びます。最低限のルールをきちんと守るだけでよいのです。

COMPORTAMENTO EN PÚBLICO—OUT IN PUBLIC

外出するとき:コンポルタメント・エン・プブリコ(西)—アウト・イン・パブリック(英)

外国でよく耳にするアメリカ人への批判は、服装があまりにカジュアルだということです。例えば、ルーブルは美術館で、スポーツジムではありません。カジュアルである必要はないのです。スニーカーはホテルに残し、スウェットパンツもやめましょう。靴と言えば、日本では個人のお宅や料亭に入るとき、靴はそのままで、と言われない限り脱がなくてはなりません。そして脱いだ靴は、必ずつま先を外に向けて揃えましょう。

エイゴハナセマスカ? —— 外国では、誰もあなたがその土地の言葉を上手にしゃべれるとは思いません。でも、いくつかの基本的なフレーズを覚えていくのは、相手に対する礼儀です。(フランス、とくにパリは例外です。ブロークンなフランス語より完璧な英語で話しかけたほうが、よい顔をされます)

TIPPING—POURBOIRE—TRINKGELD

チップ:ティッピング(英)—プルボワール(仏)—トリンクゲルト(独)

西ヨーロッパではたいてい、セルヴィス・コンプリ(servis compris)といって10パーセントから20パーセントのサービス料が自動的に請求されるシステムになっています。けれども、デンマークではレストランやタクシーのチップは不要です。フィンランドでもレストランやホテルでは小銭で受け取るよりも、勘定書にサービス料を含めるほうを好むようです。フレンドリーなイタリア人は、チップをわたせばたいてい喜んで受け取ってくれます。

事前に料金交渉をしたほうがよい? —— アラブ諸国でタクシーに乗るとき、とくに車にメーターがついていない場合、出発前に運転手と値段交渉をして決めておきましょう。チップは義務ではありません。でも目的地に着いたとたんに理由もなく料金が倍に跳ね上がるという事態を避けるために、チップをはずむと最初に言っておくとよいでしょう。

TABLE MANNERS—VED BORDET

テーブルマナー：テーブルマナーズ（英）—ヴェ・ボーアット（デンマーク）

フランスでもドイツでもスペインでも、とにかくアメリカ以外の国でBLTサンドを探し回るのはやめましょう。ゆったりと旅を楽しめる人と、気の小さい観光客との大きなちがいは、食に関する探究心、新しいものを試してみる姿勢です。スペインの小皿料理タパス、日本のスシ、デンマークの生ニシン、イタリアの「七面鳥のカツレツ・ボローニャ風」などは、「人種のるつぼ」のアメリカの食文化とは大きく異なります。こうしたちがいを思いきり楽しむのも、旅の醍醐味。日本料理店では、西洋式の布ナプキンは使いません。その代わり、おしぼりが出されますし、自分のハンカチをひざに広げる人もいます。

REJSE—TRAVEL—VIAGGIO—VOYAGE

旅行：ライス（デンマーク）—トラヴェル（英）—ヴィアッジョ（伊）—ヴォワヤージュ（仏）

どんな国にもその国独特の習慣があり、訪れる前にはきちんと知っておきたいものです。オーストリアで個人のお宅のディナーに招かれたとき、花を持って行くのはよいのですが、赤いバラはやめておきましょう(恋人を訪ねるならば別ですが)。ドイツ人は会ったときも別れるときも、しっかりと力を込めて握手しますが、イギリス人はやんわりと握るだけですし、ギリシャ人はがっちり抱き合おうとするでしょう。イギリス人は、初対面の相手に職業をたずねるのは、無遠慮だと考えます。フランス人はあれこれ質問をされると、気を悪くすることがあるので、相手方に合わせておくほうが無難です。日本では、バレンタインデーに女性から男性にチョコレートを贈り、男性は1ヵ月後にお返しをします。

時間厳守に対する考え方は国ごとに大きくちがいます。他の国々の人たちと比べた場合、アメリカ人は特に几帳面でもルーズでもなく、ほどほどというところでしょう。要するに海外に出かけたときにはすべてに当てはまる格言「郷に入っては郷に従え」のとおり、現地の流儀に合わせればよいのです。

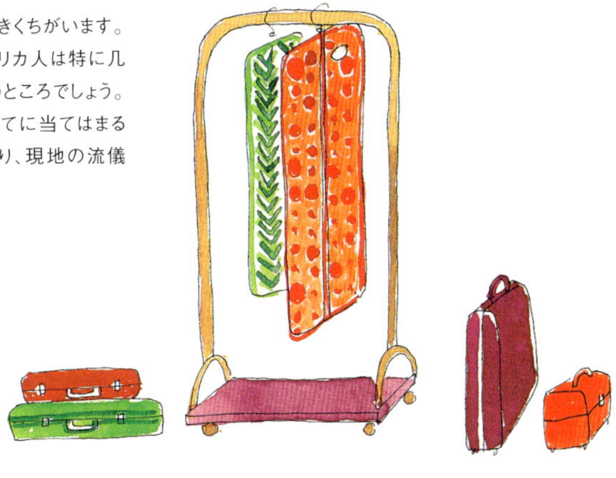

アイスランドではレストランでウェイターにチップをわたすのは無作法とされています •

MONEY MATTERS

お金について

交渉するとき、しないとき ―― 契約の仲介役としてプロの交渉人を雇っている会社があります。これには立派な理由があるのです。交渉はひとつの特殊技能で、少なくとも一種の才能であることはまちがいありません。なかには、この才能が生まれつき備わっている人もいるようです。掘り出しもののいすや古いLPレコードや銀製のコースターが見つかるような蚤の市では、値切るのに遠慮はいりません。店のオーナーとつきあいがあるアンティークショップなら、いくらかはまけてくれるかもしれません。では、文句を言ったり値切ったりせずに定価を支払うべきなのはどんなところかというと ―― ヴィンテージドレスのブティック、農家直売のマーケット、美容院です。

請求金額がまちがっていたら ―― 計算自体は正しくても、足し引きするのはあくまで人間なのですから、ミスの可能性があります。請求書に書かれた内訳は必ずチェックしましょう。まちがって多く請求されていた場合、おだやかに責任者に告げましょう（あるいは、請求金額が少なかった場合 ―― こういう人は、正直さの点でスーパーAをもらうべきです）。たいていのミスと同様、これも意図的なものではなかったのですから。

お勘定、お願いします ―― 他の人が皆、小エビのカクテルや分厚いステーキを食べていましたが、あなたは山羊のチーズのサラダをちょっぴり食べただけ。なのに勘定書きを見ると、あなたも48ドル払うことに。なんてこと！　割り勘にするときは、たとえ自分が食べた量が他の人たちよりもはるかに少なくても、彼らと同じだけ払う心づもりをしておきましょう。ことお金に関しては、すべてが「公平」にいくとは限りません。

レジでびっくり ―― フラワーショップでひとめ見て気に入った豪華なニュージーランド産のシャクヤク。値段は1束6ドル……と、レジカウンターに持って行くまでは思っていました。ところが「1本」が6ドルだったのです。正直に、思いちがいをしていたと言って、ひと言謝りましょう（あくまでさりげなく）。そして、代わりにキンギョソウでがまんしておきましょう。

DID YOU PAY RETAIL?

定価で買ったの？

好奇心は一歩まちがえるとやっかみになります。友だちにドレスの値段をたずねる前に、なぜ知りたいのか、自分に聞いてみましょう。ふつうは何にいくら支払ったかなど、あまり話したくないものです。女性どうしの場合、この話題になるとひそかに火花が散るかもしれません。

「金は借りてもいかんが貸してもいかん」

シェイクスピア『ハムレット』

（註：小田島雄志訳『シェイクスピア全集 I 』、白水社より）

ANDY'S TRUISMS

アンディ・スペード名言集

チリソースたっぷりのホットドッグを食べながら、なおかつエレガントに見せるのはむずかしい。

人の気分をよくしてあげれば、自分の気分もよくなるものである。

人を侮辱することは、自分を侮辱するのと同じである。

ニンニクとタマネギとキスは、どう考えても相性が悪い。

ロブスターを食べるときに専用のエプロンをつけたところで、男らしさが減るものではない。

親切な態度と弱腰はまったく別のものである。

敵と寝れば、一夜にして味方を失う。

EXCEPTIONS TO EVERY RULE

例外のないルールはない

低血糖症などの持病がある人（「不作法」病は除く）は、同席者よりも先に食べはじめてもよい。

カップルをディナーに招待した場合は、こちら側が支払いをするべきだが、相手が先にクレジットカードをウェイターにわたしたり、どうしても自分が払うとステーキナイフ片手にすごまれたら、しょうがない、素直に受けよう。

忍耐は美徳である。ただし、人につけこむスキをあたえてはいけない。

気を配ろう。世の中、もっとたくさんの気配りが必要である。

THANK YOU

感謝を込めて

私の無謀なプロジェクトはどれもたくさんの方々の助けに支えられてきましたが、この本も決して例外ではありません。周りにいる人 —— 夫やケイト・スペードの仲間たちから、いつも申し分のないマナーを示してくれる愛犬ヘンリーまで —— 皆が私に手を貸してくれました。

クリエイティブ部門の責任者であり、私とアンディの古い友人でもあるジュリア・リーチは、本当にいっしょになってこの本をつくり上げてくれました。プレッシャーの中、どうやってあれだけのパワーと麗しさを保っていられるのかわかりませんが、彼女がいてくれて本当に助かっています。ジュリアとタンデムを組んで仕事をしているのが、この本の編者で新しい友人、ルース・ペルタソンです。彼女の熱意と専門知識のおかげで、この本を特別なものにすることができました。この2人とともに尽力してくれたのが、才能あふれるイラストレーターのヴァージニア・ジョンソン、プロジェクト全体の方向づけをしてくれたデザイナーのアルバータ・テスタネロ、そしてこの本を構想し現実のものとしたアナ・ロジャースでした。

この会社を興すずっと前からの友人でビジネスパートナーでもあるエリース・アロンズとパメラ・ベルは、このプロジェクトを大いに支援してくれました。彼女たちの助言や自身の経験、そしてこれまでに共有してきた経験すべてが本書に結実しています。ケイト・スペード社長ロビン・マリーノの友情と励ましもそうですし、パブリシティー活動を巧みにリードしてくれたマリベス・シュミットにも感謝しています。他にも、オフィスのスーザン・アンソニー、バーバラ・コルスン、ステイシー・ヴァン・プラーグ、メグ・タウボーグ、それからビズ・ザスト、ローレン・ハウエル、ジェニファー・ラスク、チェリー・ベリー、ナシーム・ニアラキ、アンソニー・クームズにも感謝を述べたいと思います。リサーチを担当してくれたクリスティーン・ムルキの明晰な頭脳とすばらしいアイデアも得がたいものでした。

私はこれまでずっと、何かにつけエミリー・ポストの本を手にとり、そしてその度にたくさんのことを教えられてきました。数多くの女性たちが「アメリカ人によいマナーを広める」という大仕事に立ち向かってきましたが、エミリー・ポストの著作ほど魅力と品格とユーモアにあふれているものはありません。幅広いテーマにおよぶ彼女の言葉は、現代の私たちにとっても、最高のアドバイスです。彼女が書いた『エチケット』は今から80年以上も前に出版されたにも関わらず、そこにつづられた言葉は今なお自然で、私たちの耳に率直に語りかけてきます。国民的財産とはまさに彼女のことではないでしょうか。

本の出版は私にとって初めての経験でしたが、エージェントのアイラ・シルヴァーバーグのすばらしく賢明な対応にとても感謝しています。サイモン&シュスター社の熱意あふれるクルーにも恵まれました。同社の副社長で発行人のデーヴィッド・ローゼンタールの情熱には私たち皆が圧倒されました。また辛抱強く編集を担当してくださったアマンダ・マレー、それから、ウォルター・L・ウェインツ、マイケル・セレック、トレイシー・ゲスト、ピーター・マッカラックの皆々様、ありがとうございました。

そしてもちろん、夫のアンディ。今から10年以上前にはこのビジネスを、今度はこの本を手がける勇気をくれました。「もう本ならたくさん出ているし、私たちは読むのが好きでしょう？」と私は彼に言いました。「本当に書く側をやってみたほうがいいと思う？」その答えがここにあります。私は人間にとって、とりわけ大切なことはユーモアと思いやりだと思っています。幸運なことにアンディはその両方をバランスよく持ち合わせていました。アンディの、周りの人間まで楽しくなってくるようなものの考え方やアイデアや声が、本書のいたるところに詰まっています。彼の励ましやユーモア、そして愛も。私は本当に幸せ者です。限りない感謝を込めて。

ケイト・スペード

SELECT BIBLIOGRAPHY

参考文献一覧

Axtell, Roger, ed. *Do's and Toboos Around the World.* Comp., The Parker Pen Company. New York: John Wiley & Sons, Inc. 1993.

ロジャー・E・アクステル『Do's and Taboos海外「べし&べからず」集』金野洋・西本伴子訳／講談社（1986年）

Baldridge, Letitia. *Letitia Baldridge's Complete Guide to the New Manners for the '90s.* New York: Rawson Associates (div. of Macmillan Publishing), 1990.

Barr, Norah K., Marsha Moran, and Patrick Moran, comp. *M.F.K. Fisher: A life in Letters.* Washington, D.C.: Counterpoint, 1998.

Benton, Frances, with the General Foundation of Women's Clubs. *Etiquette: The Complete Modern Guide for Day-to-Day Living the Correct Way.* New York: Random House, 1956.

Esar, Evan. *20,000 Quips & Quotes: A Treasury of Witty Remarks, Comic Proverbs, Wisecracks, and Epigrams.* New York: Barnes & Noble Books, 1995.

Feinberg, Steven L. *Crane's Blue Book of Stationery.* Foreword by Stanley Marcus. New York: Doubleday, 1989.

Martin, Judith, *Miss Manners' Guide to Excruciatingly Correct Behavior.* New York: Galahad Books 1982.

Moats, Alice-Leone. *No Nice Girl Swears.* Foreword by Edna Woolman Chase. New York: Blue Ribbon Books, Inc., 1934.

Morris, William and Mary Morris. *Morris Dictionary of Words and Phrase Origins.* 2nd ed. Foreword by Isaac Asimov. New York: HarperColllins Publishers, 1988.

Osgood, Charles. *Funny Letters from Famous People.* New York: Broadway Books, 2003.

Post, Emily. *Etiquette: The Blue Book of Social Usage.* New York: Funk & Wagnalls Co., Publishers, 1945. Reprint 1949.

Post, Peter. *Essential Manners for Men: What to Do, When to Do It, and Why.* New York: HarperResource, 2003.

Rosenkrantz, Linda. *Telegram!* New York: Henry Holt and Company, 2003.

Soames, Mary, ed. *Winston and Clementine: The Personal Letters of the Churchills.* Boston: Mariner Books, 2001.

Tiffany's Table Manners for Teenagers. Introduction by Walter Hoving. Illustrations by Joe Eula. New York: Ives Washburn, Inc., 1961.

ウォルター・ホーヴィング『ティファニーのテーブルマナー』後藤鎰尾訳／鹿島出版会（1969年）

Tiger, Caroline. *How to Behave: A Guide to Modern Manners for the Socially Challenged.* Philadelphia: Quirk Books, 2003.

THE POLITE TRAVELER GOES ABROAD

マナーの達人、海をわたる

フランス語

レインコートと私の飼い犬、エドナをクロークに預けたいのですが。

J'aimerais laisser mon imperméable et ma petite chienne Edna au vestiaire.

ノルウェー語

恐れ入りますが、この「ライム・リッキー」のビンを開けていただけませんか?

Unskyld meg, min herre, kan de vaere så snill å hjelpe meg åpne min "lime rickey"?

イタリア語

オペラに招待してくださった方にお礼をしなければなりません。
全部観るのに6時間もかかったんですけどね。

Devo ringraziare il nostro ospite per averci portato all'opera, anche se e' durata per sei ore.

ポルトガル語

もしもし、「バターフィールド-8」をお願いできますか?

Telefonista, por favor me transfira para a "BUtterfield-8"?

(註:"BUtterfield-8"はアメリカの作家、ジョン・オハラの小説タイトル)

Editors: Ruth A. Peltason (ルース・A・ペルタソン), for Bespoke Books
Julia Leach (ジュリア・リーチ), for kate spade

Designer: Ana Rogers (アナ・ロジャース)
Alberta Testanero (アルバータ・テスタネロ), for kate spade

The author and publisher gratefully acknowledge those writers whose works contributed to this book.

"This is Just to Say" by William Carlos Williams, from *Collected Poems: 1909-1939, Volume 1*, copyright ©1938 by New Directions Publishing Corp. Reprinted by permission of New Directions Publishing Corp.

SIMON & SCHUSTER
Rockefeller Center
1230 Avenue of the Americas
New York, NY 10020

For information regarding special discounts for bulk purchases, please contact Simon & Schuster Special Sales at 1-800-456-6798 or business@simonandschuster.com

Manufactured in Italy

10 9 8 7 6 5 4 3 2 1

Library of Congress Cataloging-in-Publication Data

Spade, Kate.
Manners : always gracious, sometimes irreverent / by Kate Spade ; edited by Ruth Peltason and Julia Leach ; illustrations by Virginia Johnson.
p. cm.
Includes bibliographical references.
1. Etiquette. I. Peltason, Ruth A. II. Leach, Julia (Julia E.) III. Title.
BJ1853.S67 2004
395–dc22

MANNERS マナー

by Kate Spade ケイト・スペード著
2005年7月25日 初版第1刷発行

○日本語版制作スタッフ
日本語翻訳協力 株式会社トランネット:訳者 清川幸美
日本語テキストデザイン 鈴木理佳 山口眞智子
プリントディレクター 栗原哲朗(図書印刷株式会社)
編集 小宮亜里 千葉淳子
編集協力 二見屋良樹
企画協力 ケイト・スペード事業部:柳澤綾子 鹿野和男 岡本敬子

○読者の皆さまへ
・本文中、(註:——)と表記されているものは、日本語版編集時に追加した注釈です。
・引用文については(〜訳)とあるもの以外は、本書の訳者によるものです。

発行者 木谷仁哉
発行所 株式会社ブックマン社
〒101-0065 東京都千代田区西神田3-3-5
TEL 03-3237-7777 FAX 03-5226-9599
http://www.bookman.co.jp/

ISBN 4-89308-580-8
印刷・製本:図書印刷株式会社
PRINTED IN JAPAN